Für alle, die ...

✔ eine Histaminunverträglichkeit haben und nach passenden Rezepten suchen,

✔ viele Unverträglichkeiten haben und abwechslungsreich essen möchten,

✔ sich nach Low Carb ernähren möchten (48 Rezepte sind Low Carb),

✔ sich nach Paleo ernähren möchten (73 Rezepte sind Paleo),

✔ sich zuckerfrei und gesund ernähren möchten.

❤

Die Deutsche Nationalbibliothek verzeichnet diese Publikation in der Deutschen Nationalbibliografie; detaillierte bibliografische Daten sind im Internet über www.dnb.de abrufbar.

Alles-ohne-Kochbuch: Histaminarme Rezepte für alle mit Unverträglichkeiten (Histaminarme Ernährung bei Histaminintoleranz und Histaminunverträglichkeit – alles in einem Kochbuch) von Lisa Schubert

Studienscheiss UG (haftungsbeschränkt)
Oppenhoffallee 143, 52066 Aachen
kontakt@studienscheiss.de
Geschäftsführer: Dr. Tim Reichel, M.Sc.
Registergericht: Amtsgericht Aachen
Registernummer: HRB 19105
USt-IdNr.: DE295455486

2. Auflage, Dezember 2021

ISBN: 978-3-98597-000-1 (Softcover)
ISBN: 978-3-98597-001-8 (PDF)
ISBN: 978-3-98597-002-5 (EPUB)

Lektorat: Sara Dörwald, Krakow am See
Korrektorat: Hannah Dautzenberg, Aachen
Umschlaggestaltung, Layout und Satz: Tim Reichel, Aachen
Umschlagmotiv: Kakapo / stock.adobe.com
Grafiken: Артём Ковязин / stock.adobe.com
Foto: Lisa Schubert, Schwalmtal
Herstellung: Amazon oder eine Tochtergesellschaft
Printed in Germany

Alles-*ohne*-Kochbuch

Histaminarme Rezepte für alle

mit Unverträglichkeiten

Lisa Schubert

veggie +

Inhaltsverzeichnis

Vorwort

Mein Weg zur Alles-ohne-Ernährung

Hallo, ich bin Lisa. Seit einigen Jahren habe ich mit Unverträglichkeiten zu tun, dazu zählt auch eine Histaminunverträglichkeit. Als ich die Diagnose vor ein paar Jahren bekommen habe und ich die Fülle an Lebensmittel gesehen habe, die ich von meinem Speiseplan streichen sollte, hat sich alles in mir dagegen gesträubt, mich strikt an diesen Ernährungsplan zu halten. Da sich mein gesundheitlicher Zustand aber von alleine nicht gebessert hat, habe ich nach meinem Studium angefangen, mich mit dem Thema „gesunde und darmfreundliche Ernährung“ näher zu beschäftigen. Den Auslöser für meine Probleme kannte ich schon (zu viel Antibiotika aufgrund chronischer Blasenentzündungen), aber ich wollte mehr darüber erfahren, wie ich meinen Darm wieder ins Gleichgewicht bringen kann.

Auf meinem Weg habe ich viel ausprobiert und viele Stunden damit verbracht, mich über die verschiedensten Ernährungs- und Therapieformen für den Darm zu beschäftigen und herauszufinden, wie ich meinem Körper dadurch bei der Selbstheilung unterstützen kann. Eines kann ich durch meine Erfahrungen ganz sicher sagen: Die Ernährung spielt beim Thema Darmgesundheit eine essenzielle Rolle! Man sollte nicht unterschätzen, welchen Einfluss die Ernährung auf die Heilung des Körpers haben kann – einige meiner Beschwerden konnte ich damit komplett beseitigen oder zumindest stark lindern. Auch, wenn ich meine Histaminunverträglichkeit noch nicht gänzlich losgeworden bin, habe ich mittlerweile Frieden damit geschlossen. Ein essenzieller Faktor hierbei war eine dauerhafte Ernährungsumstellung, die sich für mich nicht mehr nach ständigem Verzicht anfühlt. Deshalb habe ich angefangen, mir selbst Rezepte rauszusuchen, auszuprobieren und abzuwandeln. Um auch anderen Menschen mit ähnlichen Problemen zu helfen, habe ich dieses Kochbuch entwickelt. Dieses beinhaltet über 100 histaminarme, leckere und darmfreundliche Rezepte.

Gesunde Ernährung heißt meistens auch, viel selbst zu kochen und zu backen, weil die meisten Fertigprodukte sehr viel Zucker, Geschmacksverstärker, Konservierungsstoffe oder ähnliches enthalten. Da einem im Alltag oft die Zeit fehlt, besonders komplizierte oder aufwendige Rezepte zuzubereiten, sind die meisten Gerichte aus diesem Buch einfach nachzumachen - und ganz wichtig: schnell zubereitet.

Bevor wir zu den konkreten Rezepten kommen, habe ich noch ein paar wichtige Informationen zum Thema Histaminunverträglichkeit zusammengefasst und eine Übersicht erstellt, welche Lebensmittel als histaminarm bzw. histaminreich gelten. Diese Übersicht gibt dir die notwendige Orientierung, wenn du am Anfang deiner Ernährungsumstellung stehst.

Außerdem stelle ich kurz mein besonders darmfreundliches Ernährungskonzept vor, das die Grundlage dieses Kochbuches bildet.

Wichtige Informationen zum Kochbuch

Vorab noch ein wichtiger Hinweis: Dieses Kochbuch habe ich mit großer Sorgfalt und noch größerer Leidenschaft geschrieben. Dennoch ist es kein wissenschaftlicher Ernährungsratgeber. Es kann einen Besuch bei einem Ernährungsberater oder einem Facharzt nicht ersetzen. Zudem solltest du prüfen, ob alle Zutaten aus den Rezepten für dich infrage kommen. Möglicherweise liegen Unverträglichkeiten und Allergien gegen bestimmte Lebensmittel vor. All das konnte ich in meiner Zusammenstellung nicht berücksichtigen.

Nahrungsmittelunverträglichkeiten und Allergien

Alle Rezepte dieses Kochbuches sind histaminarm, glutenfrei, laktosefrei und zuckerfrei. Zuckerfrei bedeutet, dass kein Industriezucker oder künstliche Süßstoffe verwendet werden. Auch, wenn dieses Kochbuch auf eine gesunde und natürliche Ernährung ausgelegt ist, bedeutet dies nicht, dass jedes Lebensmittel automatisch auch gut für jeden ist. Individuelle Unverträglichkeiten und Allergien müssen berücksichtigt werden.

Wichtige Hinweise zu den verwendeten Lebensmitteln

<u>Süßungsmittel</u>

Als Süßungsmittel werden in den Rezepten Honig, Kokosblütenzucker, Ahornsirup oder Vanille verwendet. Möchte man ein Rezept besonders Low Carb gestalten, kann man Xylit, Erythrit und/oder Stevia als Alternative ausprobieren. Diese sind in ihrer Verträglichkeit umstritten – ich persönlich vertrage eine Mischung aus Erythrit und Stevia am besten (in kleinen Mengen). Wichtig ist auch, dass alle Zutaten, die in diesem Kochbuch verwendet werden, keinen zugesetzten Zucker enthalten. Du solltest somit auch beim Kauf der Zutaten darauf achten, die ungesüßte Variante zu wählen. Dies gilt zum Beispiel für Pflanzenmilch (Mandelmilch/Kokosmilch), Pflanzenjoghurt (Kokosjoghurt/Mandeljoghurt) und Nussmus. Wenn man komplett auf „konzentrierte" Süßungsmittel zum Süßen verzichten möchte, dann kann ich frisches Apfelmus, verträgliche Früchte oder gemahlene Erdmandeln als Zuckerersatz empfehlen.

Salz
Jodiertes Salz kann bei einer Histaminintoleranz unverträglich sein und Beschwerden verursachen. Deshalb solltest du jodfreies Tafelsalz oder Meersalz verwenden.

Gemüsebrühe
Auch Gemüsebrühe kann unverträglich sein, besonders, wenn diese Hefe oder sonstige Zusätze enthält. Mittlerweile ist auch histaminfreie Gemüsebrühe erhältlich, die sich in Falle einer Histaminunverträglichkeit besser zum Kochen eignet.

Gemüse, Fleisch und Fisch
Wenn möglich, sollten vor allem Gemüse, Fleisch und Fisch in Bio-Qualität verwendet werden. Bio-Gemüse ist in der Regel weniger pestizidbelastet, zudem enthält Bio-Fleisch sowie Fisch weniger Schafstoffe und Antibiotikarückstände, die deinem Darm ebenfalls schaden können.

Low Carb- und Paleo-Rezepte

Wenn du eine bestimmte Ernährungsform wie z.B. die Paleo-Ernährung strikt einhalten möchtest, dann orientiere dich am besten an den jeweiligen Lebensmitteltabellen – insbesondere die verschiedenen Süßungsmittel sollten dabei beachtet werden (S. 28-29). Grundsätzlich sind die Low Carb- und Paleo-Rezepte in diesem Kochbuch alle extra als solche gekennzeichnet. Bei den Low Carb-Rezepten sollte zusätzlich folgendes beachtet werden: Low Carb heißt nicht No Carb. Low Carb heißt zunächst einmal kohlenhydratarm oder -reduziert. Alle Rezepte sind im Vergleich zu ihrer „klassischen“ Variante stark kohlenhydratreduziert. Selbst Früchte oder Nüsse enthalten Kohlenhydrate. Ganz ohne diese geht es eben nicht und das sollte auch nicht der Anspruch sein.

Fotos von den Rezepten und Bonusmaterial

Dieses Kochbuch wurde modern und minimalistisch gestaltet – nach dem Motto: „alles ohne“. Darum haben wir auch auf Fotos und bunte Bildchen verzichtet. Trotzdem hast du die Möglichkeit, dir von meinen 20 Lieblingsrezepten aus diesem Kochbuch ein Bild zu machen, denn ich habe jedes dieser Rezepte nachgekocht und fotografiert. Zusätzlich zu diesem Buch erhältst du einen Bonus-Bildband von mir, in dem meine Top-20-Gerichte abgebildet sind. Wenn du die folgende Website aufrufst, erfährst du, wie du an das Bonus-PDF kommst:

www.studienscheiss.de/bonus-alles-ohne-kochbuch-histaminarm

Du gelangst dort auf die Website meines Verlags und kannst dich für den entsprechenden Verteiler anmelden – natürlich kostenlos. So, nun geht's aber ans Eingemachte. Ich wünsche dir viel Spaß beim Nachkochen und einen guten Appetit!

Lisa Schubert

Ernährungswissen

Histaminunverträglichkeit

Was ist eine Histaminunverträglichkeit und wie kommt es dazu?

Histamin ist ein sogenanntes biogenes Amin, ein Abbauprodukt von Eiweißen (Aminosäuren) und kommt natürlicherweise in Lebensmitteln vor. In niedrigen Konzentrationen sind biogene Amine für den menschlichen Organismus unbedenklich. Kommt es aber zu einer erhöhten Konzentration im Körper (z.B. weil dieser das Histamin nicht gut genug abbauen kann), können allergische Reaktionen (schlimmstenfalls ein allergischer Schock) die Folge sein.

Körpereigenes Histamin wird in der Leber abgebaut, mit der Nahrung zugeführtes Histamin wird bei gesunden Menschen in der Darmschleimhaut durch das Enzym Diaminoxidase (DAO) abgebaut. Ist der Darm allerdings geschwächt oder durch Faktoren wie Stress, Antibiotikaeinnahme oder strikte Diäten aus dem Gleichgewicht geraten, kann es zu einem Mangel des histaminabbauenden Enzyms DAO und infolgedessen zu einer Histaminunverträglichkeit kommen.

Mögliche Symptome sind:

- ✔ Kopfschmerzen, Migräne
- ✔ Laufende Nase, tränende Augen
- ✔ Flush (plötzliche Hitze und Rötung des Gesichts)
- ✔ Atemwegsbeschwerden
- ✔ Herzrasen, Herzrhythmusstörungen
- ✔ Regelbeschwerden und PMS
- ✔ Verdauungsbeschwerden (Blähbauch, Durchfall etc.)
- ✔ Allergische Hautreaktionen und Juckreiz (Nesselsucht, Ekzeme etc.)

Ursachen können sein:

- ✔ Erworbener Defekt des Abbauenzyms DAO durch Störungen der Darmflora, starke psychische Belastungen oder Magen-Darm-Erkrankungen
- ✔ Gehemmte Enzymfunktion verursacht durch Alkohol, Medikamente oder Stress
- ✔ Vermehrte Histaminproduktion und -freisetzung (z.B. durch Stress)
- ✔ Angeborener Enzymdefekt (sehr selten)

Wie kann eine Histaminintoleranz diagnostiziert werden?

Mittlerweile gibt es mehrere Möglichkeiten, die Menge an Histamin im Blut und Urin zu messen. Zudem kann die Aktivität des Enzyms DAO im Blut festgestellt werden.

In welchen Lebensmitteln ist Histamin enthalten?

In einigen Lebensmitteln ist Histamin von Natur aus enthalten (z.B. Spinat oder Tomaten). Zudem entsteht Histamin durch den bakteriellen Abbau aufgrund der Weiterverarbeitung, Haltbarmachung, Reifung und natürlichen Alterungsprozesse in Lebensmitteln. Fermentierte Lebensmittel enthalten aufgrund ihrer langen Reifung durch Mikroorganismen besonders viel Histamin (z.B. Sauerkraut, Wein, Bier oder Essig). Auch künstliche Zusatz- und Konservierungsstoffe sind oft sehr histaminhaltig.

Wie kann die Bildung von Histamin in Lebensmitteln verhindert werden?

Der einzige Weg, die Bildung von Histamin zu verhindern, besteht darin, die Lebensmittel möglichst frisch zu verzehren oder schnellstmöglich tiefzukühlen. Ist Histamin einmal gebildet, kann es weder durch Hitze noch Kälte zerstört werden.

Was kannst du außerhalb der Ernährung noch tun, um die Beschwerden zu lindern?

Neben der Ernährungsumstellung sollte man versuchen, den Stress im Alltag zu reduzieren bzw. einen Ausgleich in Form von Entspannung zu schaffen. Chronischer Stress schadet dem Körper, schwächt den Darm und damit zugleich unser Immunsystem. Auch die guten Darmbakterien, die bei einer Histaminunverträglichkeit meist Unterstützung benötigen, leiden unter einem dauerhaft hohen Stresslevel. Zudem aktiviert Stress das Immunsystem, welches die Mastzellen triggert, die wiederum körpereigenes Histamin ausschütten. In unserem meist hektischen Leben ist es oft gar nicht so einfach, den Stress zu reduzieren. Aber es gibt Mittel und Wege, die sich auch im Alltag umsetzen lassen. Folgendes kannst du tun, um dein Stresslevel dauerhaft zu reduzieren:

1. Plane bewusst Entspannungseinheiten in deinen Alltag ein!

Stell dir einmal die Frage, wobei du dich im ruhigen Zustand am besten entspannen kannst (z.B. autogenes Training, Meditation, Buch lesen etc.) und baue dir bewusst Pausen in deinen Alltag ein. Diese Pausen solltest du am besten auch in deinen Terminkalender eintragen und versuchen, diese bestmöglich einzuhalten.

2. Lerne den gesunden Umgang mit Stress!

Mit Stress gesund umzugehen, ist gar nicht so einfach. Es gibt Dinge, die uns im positiven Sinne stressen, uns zu Höchstleistungen treiben und uns dabei helfen, Erfolge zu erzielen. Es gibt aber auch Ereignisse oder Entwicklungen in unserem Leben, die negativen Stress bei uns verursachen, der uns auf Dauer ganz schön zusetzen kann. Stress ist ein Bestandteil unseres Lebens, deshalb sollten wir nicht versuchen, diesen gänzlich aus unserem Leben zu verbannen, sondern einen gesünderen Umgang damit lernen. Hierzu gibt es übrigens auch einige Kurse, die häufig von den Krankenkassen bezuschusst werden.

3. Bewege dich so, dass es dich entspannt und übertreibe es nicht mit zu anstrengenden Sporteinheiten!

Ein wichtiger Faktor beim Thema Stressabbau ist Sport und das nicht nur im positivem Sinne. Sport kann ein Ausgleich zum Stress sein, HIT-Training und andere extremere Formen von Sport sind bei einer Histaminunverträglichkeit meistens nicht förderlich. Bei den Sportarten, die wir als sehr anstrengend empfinden, wo wir uns extrem verausgaben und den Puls in die Höhe treiben, produziert unser Körper Stresshormone und damit auch Histamin. Das bedeutet nicht, dass man Sport komplett aus seinem Alltag verbannen sollte. Bewegung ist grundsätzlich immer gut für uns. Man sollte aber ein individuelles Maß finden, mit dem man sich wohl fühlt und den Körper nicht überfordert. Wer sich viel und gerne bewegt, kann moderate Sportarten wie zum Beispiel Yoga, Pilates, gemütliches Spazierengehen oder Radfahren in seinen Alltag integrieren. Finde für dich die Form der Bewegung, die dich am besten entspannen lässt -so kannst du deinen Körper bei der Heilung unterstützen.

4. Kümmere dich um einen guten Schlaf!

Ein guter Schlaf ist extrem wichtig für die Gesundheit, kommt aber bei unserer heutigen Lebensweise häufig zu kurz. Im Schlaf regeneriert sich der Körper; wenn wir ihm nicht die Zeit geben, die er dafür braucht, wird sich das auch in unserer Gesundheit bemerkbar machen. Durch die Histaminunverträglichkeit ist dein Körper einer zusätzlichen Belastung ausgesetzt, sodass es umso wichtiger ist, dass du ihn bestmöglichst bei der Regeneration unterstützt.

5. Trinke ausreichend Wasser!

Histamin wird nicht nur über den Darm, sondern auch über die Nieren ausgeschieden, sodass es helfen kann, wenn du am Tag ausreichend Flüssigkeit (ca. 2 bis 3 Liter) in Form von Wasser oder ungesüßten, histaminarmen Tees zu dir nimmst.

Lebensmittelübersicht: Histaminarme und histaminreiche Lebensmittel

Histaminarme Lebensmittel	Histaminreiche Lebensmittel
Getreide ▸ hefefreies Brot oder Knäckebrot ▸ Dinkel, Pseudogetreide (Buchweizen, Quinoa, Hirse), Mais, Reis, Amaranth, Hafer, Hirse	**Getreide** ▸ alle Produkte mit Hefe, Backtriebmitteln oder Hefeextrakt ▸ Weizen, Roggen, Gerste
Gemüse ▸ alle Gemüsesorten, die in der rechten Spalte nicht aufgelistet sind (frisch oder tiefgekühlt)	**Gemüse** ▸ Gemüsekonserven ▸ Sauerkraut, Spinat, Tomaten, Auberginen, Avocados, Hülsenfrüchte (Soja, Bohnen, Oliven, Linsen), Rucola, Pilze, Algen, Sprossen
Obst ▸ Äpfel, Heidelbeeren, Brombeeren, Sauerkirschen, Aprikosen, Cranberries, Granatäpfel, Pfirsiche, Johannisbeeren, Trauben, Sanddorn, Nektarinen, Kokosnüsse, Kirschen ▸ individuell testen und auf Menge achten: Birnen, Wassermelonen, Pflaumen, Rhabarber	**Obst** ▸ Erdbeeren, Zitrusfrüchte, Ananas, Bananen, Kiwis, Pflaumen, Himbeeren, Papayas, Grapefruits
Milchprodukte ▸ Frischkäse, frische Milchprodukte, Quark, junge Käsesorten (z.B. Gouda, Butterkäse, Mozzarella), Butter, Ricotta, Mascarpone, Milch, süße Sahne ▸ individuell testen und auf Menge achten: Buttermilch, Creme fraiche, Feta, Joghurt, Sauerrahm, saure Sahne, Kefir	**Milchprodukte** ▸ alle Käsesorten mit langer Reifungszeit (Emmentaler, Bergkäse, Camembert, Parmesan, alter Gouda, Schimmelkäse, Schmelzkäse)

Fleisch • Hack (frisch) • frisches und tiefgekühltes Fleisch (außer Schweinefleisch)	**Fleisch** • getrocknete, geräucherte oder gepökelte Fleischprodukte, Schweinefleisch, Wurst, Schinken, Salami etc., Innereien (besonders Leber)
Fisch & Meeresfrüchte • fangfrischer Fisch oder tiefgekühlter Fisch wie Lachs, Dorsch, Forelle, Saibling	**Fisch & Meeresfrüchte** • alle Meeresfrüchte, Fischkonserven, getrockneter, geräucherter Fisch, Thunfisch, Makrele, Hering, Sardelle
Nüsse, Samen & Kerne • Hanfsamen, Erdmandeln, Macadamianüsse, Maroni, Paranüsse, Chiasamen, Flohsamen, Kürbiskerne • individuell testen und auf Menge achten: Haselnüsse, Mandeln, Sesam	**Nüsse, Samen & Kerne** • Sonnenblumenkerne, Cashews, geröstete Nüsse, Erdnüsse, Walnüsse
Süßungsmittel • alle Süßungsmittel, die in der rechten Spalte nicht aufgelistet sind	**Süßungsmittel** • Malzextrakt, Süßholz, viele künstliche Süßstoffe
Getränke • alle Getränke, die in der rechten Spalte nicht aufgelistet sind	**Getränke** • Säfte aus unverträglichen Obst- oder Gemüsesorten, Kakao, alkoholische Getränke, Getränke mit künstlichen Zusätzen, schwarzer Tee, grüner Tee, Brennnesseltee, Tee aus unverträglichen Kräutern
Gewürze & Kräuter • Gemüsebrühe (ohne Hefe und künstliche Zusätze), Zimt, Schwarzkümmel, Nelken, Paprikapulver (mild), Kurkuma, Kümmel (echt), Thymian, Tafelsalz, Meersalz • individuell testen und auf Menge achten: Vanille, Ingwer	**Gewürze & Kräuter** • Gemüsebrühe (mit Hefe und künstlichen Zusätzen), Curry, Hefeextrakt, Kreuzkümmel, Paprikapulver (scharf), Senf, Sojasauce, Pfeffer, Jodsalz

Vorsicht auch bei:

Histaminliberatoren:
Schokolade (Kakao), Alkohol, Zitrusfrüchte, Erdbeeren, Papaya, Ananas, Nüsse, Tomaten, Spinat, Schalentiere, Schweinefleisch, Lakritz, Fisch

Lebensmitteln mit anderen biogenen Aminen:
Bananen, Orangen, Grapefruits, Ananas, Papayas, Himbeeren, Birnen, Zitrusfrüchte, Tomaten, Hülsenfrüchte, Soja, Weizenkeime, Cashews, Walnüsse, Schokolade

Lebensmittel mit einem sehr hohen Histamingehalt:

- ✔ Reifere Käsesorte je nach Verarbeitung (v.a. Emmentaler, Parmesan und Roquefort)
- ✔ Fisch (Sardinen, Forellen)/Meeresfrüchte
- ✔ Sauerkraut
- ✔ Rotwein
- ✔ Backhefe

Hier noch ein paar wichtige Grundregeln:

- ✔ Immer auf die Frische der Lebensmittel achten.
- ✔ Lebensmittel in Dosen oder Konserven meiden.
- ✔ Reife Obstsorten meiden (je frischer und jünger, desto besser).
- ✔ Möglichst naturbelassene Lebensmittel ohne Zusatz- und Konservierungsstoffe verzehren (siehe Paleo Ernährung!).
- ✔ Unbedingt auch auf Histaminliberatoren achten und diese möglichst strikt meiden.

Die umstrittensten Lebensmittel

Es gibt ein paar Lebensmittel, die in manchen Ratgebern und Lebensmittellisten als verträglich gekennzeichnet sind und in anderen auf der Liste der nicht so gut verträglichen Lebensmittel stehen. Aus meiner Sicht ist es am besten, wenn man selbst austestet, ob man diese verträgt oder nicht (sofern keine Allergie besteht). Ich habe alle der unten aufgeführten Lebensmittel in dieses Kochbuch mit aufgenommen, da sie in der Regel als eher verträglich eingestuft werden. Zudem war es mir wichtig, die Auswahl der Lebensmittel so breit wie möglich zu halten, um eine ausgewogene und abwechslungsreiche Ernährung zu gewährleisten, die bei einem angeschlagenen Magen-Darm-System sehr wichtig ist. Dennoch möchte ich die umstrittenen Lebensmittel an dieser Stelle noch einmal gesondert aufführen.

Buchweizen

Geschälter Buchweizen gilt in der Regel als histaminarm und verträglich. Allerdings ist die Verträglichkeit umstritten und kann individuell unterschiedlich sein. Um die Lebensmittelvielfalt möglichst breit zu halten, habe ich Buchweizen in diesem Kochbuch mit aufgenommen. Sollte dieser nicht verträglich sein, kann man ersatzweise ein alternatives Mehl wie Teffmehl, Reismehl, Kastanienmehl oder Maniokmehl verwenden.

Mandeln

Die Verträglichkeit von Mandeln bei einer Histaminunverträglichkeit ist sehr individuell. Kleine Mengen sind in der Regel gut verträglich. Zudem kommt es häufig auch auf die Lagerung und Verarbeitung der Mandeln an. Ich habe Mandeln in diesem Kochbuch verwendet, da sie viele gesundheitliche Vorteile haben und eine der wenigen Nusssorten sind, die bei einer Histaminunverträglichkeit überhaupt in Frage kommen. Solltest du Probleme mit Mandeln haben, kannst du bei Rezepten mit Mandeljoghurt oder Mandelmilch diese einfach durch Kokosjoghurt oder Kokosdrink/Kokosmilch (Dose) ersetzen.

Joghurt

Joghurt (tierisch und pflanzlich) steht in den meisten Lebensmitteltabellen auf der grünen Liste. Allerdings entsteht Joghurt wie viele Milchprodukte (Buttermilch, Kefir etc.) durch einen Fermentationsprozess und kann deshalb ebenfalls zu Reaktionen führen. Dennoch ist Joghurt auch ein natürliches Probiotikum und kann für die Darmflora förderlich sein. In meinen Rezepten verwende ich überwiegend pflanzlichen Kokos- oder Mandeljoghurt, da Kuhmilchprodukte bei einem angeschlagenen Magen-Darm-System potenziell allergen sind.

Eier

Eier werden grundsätzlich als histaminarm eingestuft, vor allem, wenn sie beim Kochen oder Backen verarbeitet wurden. Es gibt jedoch Quellen, die rohe Eier aufgrund ihrer mastzellenaktivierenden Wirkung als weniger verträglich einstufen. Eier sind ein Bestandteil dieses Kochbuches, solltest du diese nicht vertragen, kannst du sie durch die folgenden Alternativen ersetzen.

<u>Alternative 1: Gemahlene Leinsamen/Chiasamen/Flohsamenschalen</u>
Zum Binden und Emulgieren (z.B. für Brot). Ersatz für 1 Ei: 1 TL gemahlene Samen + 3 TL Wasser (evtl. Wasser weglassen bei bereits feuchtem Rezept).

<u>Alternative 2: Apfelmus</u>
Macht saftig, süßt zusätzlich und bindet (z.B. für Kuchen). Ersatz für Ei: 80 g Apfelmus / ⅓ Tasse / 3-4 EL

<u>Alternative 3: Stärke (Kartoffel- oder Tapiokastärke)</u>
Zum Binden und Verdicken (z.B. für Pfannekuchen, Waffeln o.ä.). Ersatz für 1 Ei: 1 EL Stärke in 1 EL Wasser mixen (evtl. Wasser weglassen bei feuchtem Rezept).

Mein Ernährungskonzept

Durch meine vielen Unverträglichkeiten habe ich mich intensiv über verschiedenste Ernährungsformen informiert, die sich positiv auf die Darmgesundheit auswirken sollen. Aus dem Wissen habe ich schließlich ein eigenes Ernährungskonzept entwickelt, in dem ich die Low Carb- und Paleo Ernährung miteinander kombiniert und ergänzt habe (u.a. durch die Hinzunahme von Pseudogetreide). Beide Ernährungsformen haben verschiedenste Vorteile für den Darm, sind aus meiner Sicht für sich gesehen für eine langfristige Ernährung eher ungeeignet (zu einseitig). Die wichtigsten Vorteile meines Ernährungskonzeptes habe ich hier noch einmal zusammengefasst.

1. Alle Rezepte sind glutenfrei, zuckerfrei und laktosefrei.

In diesem Kochbuch sind zudem alle Rezepte *histaminarm.*

2. Es werden nur natürliche Zutaten/Lebensmittel verwendet.

Alle verwendeten Zutaten/Lebensmittel kommen ohne Zusatz- oder Konservierungsstoffe aus.

3. Potenzielle Allergene (z.B. Milch) werden gemieden.

Ich verwende zwar ab und zu Milchprodukte in meinen Rezepten, um die Ernährung noch abwechslungsreicher zu gestalten, allerdings halte ich den Einsatz von Milchprodukten sehr reduziert (und wenn ich sie verwende, dann nur laktosefrei). Milchprodukte, vor allem Milch, sind bei einem empfindlichen Bauch potenziell allergen, man kann nicht nur auf Laktose, sondern auch auf bestimmte Eiweiße reagieren (Molke und Casein).

4. Die meisten Rezepte sind ballaststoffreich.

Ballaststoffe sind das perfekte Futter für unsere guten Darmbakterien und fördern eine gesunde Verdauung. Es wird empfohlen mindestens 30 g Ballaststoffe am Tag zu sich zu nehmen.

5. Es werden nur „gute" Öle verwendet.

Damit sind solche mit einem hohen Anteil an Omega-3-Fettsäuren gemeint (z.B. Kokosöl und Olivenöl). Öle mit einem hohen Anteil an mehrfach ungesättigten Fettsäuren wie z.B. Sonnenblumenöl können Entzündungsprozesse im Körper fördern.

6. Hülsenfrüchte sind kein Bestandteil meiner Rezepte.

Hülsenfrüchte gelten grundsätzlich als gesund und gut für den Darm. Allerdings sind diese u.a. aufgrund ihrer Vielzahl an Antinährstoffen kein Bestandteil der Paleo-Ernährung. Zudem sind Hülsenfrüchte histaminreich und können deshalb auch Beschwerden verursachen. Durch Einweichen und Kochen kann man die Verträglichkeit zwar verbessern, aber aufgrund der genannten Nachteile verwende ich sie in meinen Rezepten nicht. Hierzu zählen übrigens auch Erdnüsse.

Wieso ist die Low Carb-Ernährung Bestandteil meines Ernährungskonzeptes?

Grundsätzlich sind Kohlenhydrate nicht schlecht für unsere Ernährung, immerhin sind sie wichtige Energielieferanten und werden auch von unseren Darmbakterien benötigt. Jedoch sind die Haupt-Kohlenhydratquellen der westlichen Ernährung Getreide- und Weißmehlprodukte, die viele Antinährstoffe und wenig gute Nährstoffe sowie Ballaststoffe enthalten. Zudem handelt es sich bei den meisten Lebensmitteln, die wir konsumieren, um stark industriell verarbeitete Lebensmittel mit zugesetztem Zucker. Verzehren wir diese in zu großen Mengen, ist es möglich, dass sich das negativ auf unsere Gesundheit auswirkt.

Darüber hinaus können neben dem in den meisten Getreidesorten enthaltenden Gluten bestimmte Kohlenhydratverbindungen, die sogenannten FODMAPs, verschiedene Magen-Darm-Beschwerden verursachen. Der größte Vorteil an der Low Carb-Ernährung ist, dass Getreideprodukte und zuckerhaltige Lebensmittel gemieden werden.

Wieso ist die Paleo-Ernährung Bestandteil meines Ernährungskonzeptes?

Die Paleo-Diät orientiert sich an der vermutlich ursprünglichen Ernährung der Menschen in der Steinzeit (Paläolithikum = Altsteinzeit). Die Grundlage dieser Ernährung bilden demnach Lebensmittel, die in ähnlicher Form bereits vor etwa 2,5 Millionen Jahren für die damaligen Jäger und Sammler verfügbar gewesen sein könnten. Das Gesunde an der Paleo-Ernährungsform ist, dass man möglichst naturbelassene, unverarbeitete Lebensmittel konsumiert. Die Hauptbestandteile dieser Ernährung sind Gemüse, Obst, Fleisch und Fisch sowie Nüsse und Samen.

Grundsätzlich ist die Paleo-Ernährung somit ein Weg, sich möglichst natürlich und nährstoffreich zu ernähren. Viele, die diese Ernährungsform ausprobiert haben, berichten von einer Verbesserung des allgemeinen Wohlbefindens. Vor allem auf die Darmgesundheit und unser Mikrobiom soll sich die Paleo-Ernährung positiv auswirken. Dies ist vermutlich vor allem darauf zurückzuführen, dass industriell verarbeitete Lebensmittel mit Zusatz- und Konservierungsstoffen gemieden werden, die sich nachteilig auf unsere Darmflora auswirken können.

Welche Lebensmittel sind Bestandteil der Low Carb-Ernährung? Welche nicht?

Erlaubte Lebensmittel	Verbotene Lebensmittel
Brot und Mehl ▸ aus kohlenhydratarmen Produkten wie Mandelmehl, Leinsamenmehl, Kokosmehl	**Brot und Mehl** ▸ aus Getreide oder Pseudogetreide wie Weizenmehl, Roggenmehl, Dinkelmehl, Buchweizenmehl, Maismehl, Haferflocken
Nudeln und Reis ▸ Low Carb Nudel- und Reisalternativen wie Konjakreis oder Konjaknudeln	**Nudeln und Reis** ▸ Weizennudeln, Vollkornnudeln, Maisnudeln, Reis, Quinoa, Couscous
Gemüse ▸ stärkearmes Gemüse wie grünes Blattgemüse, Tomaten, Paprika, Zucchini, Kohl, Spargel, Pilze	**Gemüse** ▸ stärkehaltige Gemüse wie Kartoffeln, Süßkartoffeln, Kochbananen, Pastinaken, Hülsenfrüchte
Milchprodukte ▸ naturbelassene Produkte wie Sahne, Butter, Naturjoghurt, Quark, Käse	**Milchprodukte** ▸ verarbeitete und gesüßte Produkte wie Fruchtjoghurt, Eis, gesüßte Schlagsahne
Obst ▸ fruktosearmes Obst wie Beeren, Aprikosen, Äpfel, Avocados, Sauerkirschen, Zitronen, Wassermelonen	**Obst** ▸ fruktosereiches Obst wie Bananen, Datteln, Feigen und generell getrocknete Früchte
Nüsse, Samen und Kerne ▸ Mandeln, Walnüsse, Paranüsse, Haselnüsse und Samen, wie Leinsamen, Chiasamen, Flohsamen	**Nüsse, Samen und Kerne** ▸ kohlenhydratreiche Nüsse wie Cashews oder Pistazien, gezuckerte Nüsse
Fleisch, Fisch und Eier ▸ Fleisch, Fisch und Wurst ohne Zuckerzusätze und Panade, Eier	**Fleisch, Fisch und Eier** ▸ Fleisch, Fisch und Wurst mit Zuckerzusätzen oder Panade
Süßungsmittel ▸ Xylit, Erythrit, Stevia	**Süßungsmittel** ▸ alle Süßungsmittel, die in der linken Spalte nicht aufgelistet sind

Welche Lebensmittel sind Bestandteil der Paleo-Ernährung? Welche nicht?

Erlaubte Lebensmittel	Verbotene Lebensmittel
Brot und Mehl ▸ aus Samen, Kernen oder Nüssen wie Mandelmehl, Leinsamenmehl, Kokosmehl	**Brot und Mehl** ▸ aus Getreide wie Weizenmehl, Roggenmehl, Dinkelmehl, Pseudogetreide
Nudeln und Reis ▸ aus Gemüse, Samen, Kernen und Nüssen	**Nudeln und Reis** ▸ Weizennudeln, Vollkornnudeln, Maisnudeln, Nudeln aus Pseudogetreide, Couscous, Soja, Reis
Gemüse ▸ alle Sorten außer Hülsenfrüchte	**Gemüse** ▸ Hülsenfrüchte
Milchprodukte ▸ fermentierte Produkte wie Joghurt oder Kefir, Butter und Ghee	**Milchprodukte** ▸ alle Milchprodukte, die in der linken Spalte nicht aufgelistet sind
Obst ▸ alle Sorten	**Obst** ▸ keine Sorten
Nüsse, Samen und Kerne ▸ alle Sorten außer verarbeitete und künstlich gesüßte	**Nüsse, Samen und Kerne** ▸ verarbeitete und künstlich gesüßte
Fleisch, Fisch und Eier ▸ Fleisch, Fisch und Wurst ohne Zuckerzusätze und Panade, Eier	**Fleisch, Fisch und Eier** ▸ paniertes Fleisch, Frikadellen, Fleisch, Fisch und Wurst mit Zuckerzusätzen oder Panade
Süßungsmittel ▸ Honig, Ahornsirup, Kokosblütenzucker	**Süßungsmittel** ▸ alle Süßungsmittel, die in der linken Spalte nicht aufgelistet sind

Lebensmittelübersicht Kochbuch

Welche Lebensmittel sind Bestandteil dieses Kochbuchs? Und warum?

Enthalten	Grund
Getreide ▸ glutenfreies Getreide: glutenfreie Haferflocken, Pseudogetreide	Glutenhaltiges Getreide kann bei einem empfindlichen Magen-Darm-System problematisch sein. Zudem ist es weder Bestandteil der Paleo- noch der Low Carb-Ernährung. Darüber hinaus ist glutenhaltiges Getreide reich an sogenannten FODMAPs und kann Entzündungen im Darm fördern. Hafer enthält viele Ballaststoffe, Mineralstoffe, Antioxidantien sowie Vitamine und gilt als eine der gesündesten Getreidesorten. Haferflocken sind ideal, um damit gesunde und abwechslungsreiche Porridge- und Müsligerichte zu kreieren. Pseudogetreide wie Buchweizen und Quinoa sind von Natur aus glutenfrei und reich an Nährstoffen und Eiweißen. Da Buchweizen in seiner Verträglichkeit bei einer Histaminintoleranz umstritten ist, habe ich dieses Pseudogetreide nur in wenigen Rezepten verwendet.
Bio-Gemüse ▸ histaminarme Gemüsesorten	Gemüse enthält viele Nährstoffe und Vitamine und stellt in sämtlichen Ernährungsformen die Basis einer gesunden Ernährung dar. Bio-Gemüse ist die bessere Wahl, da dieses weniger pestizidbelastet ist.
Bio-Obst ▸ histaminarmes Obst, größtenteils fructosearm	Obst enthält viele Ballaststoffe und Vitamine. Vor allem Beeren sind ein echtes Superfood, da sie viele Vitamine, Mineralien, Ballaststoffe und sekundäre Pflanzenstoffe enthalten, die beschädigte Körperzellen reparieren können.

Milchprodukte ▸ laktosefreie und histaminarme Milchprodukte	Grundsätzlich habe ich Milchprodukte nur reduziert verwendet, da sie vor allem bei Menschen mit Unverträglichkeiten und einem sensiblen Bauch potenziell allergen sind. Nicht nur Laktose, sondern auch die Eiweiße Casein und Molke können problematisch sein.
Nüsse, Samen und Kerne ▸ histaminarme Sorten: Hanfsamen, Erdmandeln, Macadamia, Maroni, Paranuss, Chiasamen, Flohsamen, Kürbiskerne, Mandeln	Nüsse und Samen enthalten reichlich Ballaststoffe, mehrfach ungesättigte Omega-3-Fettsäuren, sekundäre Pflanzenstoffe und wichtige Vitamine. Zudem sind sie eine gute Low Carb-Alternative zu Getreideprodukten.
Bio-Fleisch, -Fisch und-Eier ▸ Hähnchen, Pute, Rind, Lachs	Fleisch ist eine Quelle für tierisches Eiweiß, Vitamin B12, Mineralstoffe und Zink. Da vor allem verarbeitetem Fleisch eine krebserregende Wirkung nachgesagt wird, habe ich nur unverarbeitetes Bio-Fleisch verwendet. Lachs ist reich an Omega-3-Fettsäuren, Mineralstoffen und Vitaminen. Aber auch hier gilt: Bio-Lachs oder auch Wildlachs sind die bessere Wahl.
Fette und Öle ▸ Olivenöl, Kokosöl, Ghee	Fette mit einem hohem Omega-3-Anteil gelten als besonders gesund. Kokosöl hat mehrere Vorteile: Es besteht fast komplett aus gesättigten Fettsäuren und wirkt zudem antimykotisch (gegen Pilze). Ghee ist ebenfalls reich an gesättigten Fettsäuren und zudem laktosefrei.
Süßungsmittel ▸ Honig, Ahornsirup, Kokosblütenzucker (paleo-konform) ▸ alternativ: Low Carb Zucker wie Erythrit, Stevia	Honig enthält viele wertvolle Nährstoffe sowie Vitamine und wird immer wieder in Bezug auf positive gesundheitliche Eigenschaften wie seine antioxidative, antivirale, antiseptische und antibiotische Wirkung genannt. Allerdings enthält Honig auch sehr viel Fruchtzucker: Also nur in Maßen konsumieren. Generell gilt aber: Zucker ist Zucker und sollte nur in Maßen konsumiert werden.

Lebensmittelalternativen

Während meiner Recherche bin ich auf einige gesunde Alternativen zu den üblichen kohlenhydrat- und/oder zuckerreichen Lebensmitteln gestoßen. Diese ermöglichen eine leckere und gleichzeitig abwechslungsreiche Ernährung, bei der man nicht das Gefühl hat, auf etwas verzichten zu müssen.

Brot, Mehl und Backwaren	Joghurt, Milch und Sahne	Reis und Nudeln
▸ Maniokmehl ▸ Erdmandelmehl ▸ Mandelmehl ▸ Kokosmehl ▸ Flohsamenschalenmehl ▸ Kartoffelfasermehl ▸ Kastanienmehl ▸ Leinsamenmehl	▸ Kokosjoghurt (ungesüßt) ▸ Mandeljoghurt (ungesüßt) ▸ Mandelmilch (ungesüßt) ▸ Kokosmilch/ Kokosdrink (ungesüßt)	▸ Konjakreis/-nudeln ▸ Blumenkohlreis ▸ Gemüsenudeln aus Zucchini/Möhren ▸ Low Carb Nudeln, z.B. aus Leinsamenmehl ▸ Nudeln aus Pseudogetreide

Brotaufstriche	Müsli	Süßungsmittel
▸ Honig ▸ Mandelmus (ungesüßt) ▸ Erdmandelmus (ungesüßt) ▸ selbstgemachte Marmelade	▸ Low Carb Porridge aus Samen und Nüssen ▸ selbstgemachtes Knuspermüsli/ Granola	▸ Manukahonig/Honig ▸ Kokosblütenzucker ▸ gemahlene Vanille ▸ gemahlene Erdmandeln ▸ Zimt ▸ Stevia und Erythrit (Low Carb)

Rezepte

Frühstück

Sauerkirsch-Marmelade

Minuten: 10

✔ Low Carb
✔ Paleo

Portionen: 4

Zutaten:

- 90 g gefrorene Sauerkirschen
- 10 ml Wasser
- 2 EL Chiasamen
- 1 EL flüssiger Honig

Zubereitung:

1. Die Sauerkirschen und das Wasser in einen kleinen Topf geben und bei geringer Hitze unter gelegentlichem Rühren für ca. 2 bis 5 Minuten auftauen lassen. Wenn die Kirschen weich sind, diese mit einem Stabmixer fein pürieren.
2. Die Chiasamen hinzugeben und den Honig unterrühren. Für ca. 5 Minuten bei mittlerer Hitze quellen lassen, bis die entstandene Marmelade eine dickflüssige Konsistenz annimmt.
3. Die Sauerkirschmarmelade in ein kleines Einmachglas füllen und sofort servieren oder kalt stellen.

Tipp: Die Marmelade eignet sich als Brotaufstrich, aber auch als Topping auf Porridge oder Joghurt. Die Marmelade sollte im Kühlschrank gelagert und möglichst schnell verbraucht werden.

Anstelle des Honigs kann auch ein anderes Süßungsmittel wie Ahornsirup verwendet werden.

Brombeer-Marmelade

Minuten: 10

✔ Low Carb
✔ Paleo

Portionen: 4

Zutaten:

- 80 g gefrorene Brombeeren
- 10 ml Wasser
- 2 EL Chiasamen
- 2 TL flüssiger Honig

Zubereitung:

1. Die Brombeeren und das Wasser in einen kleinen Topf geben und bei geringer Hitze unter gelegentlichem Rühren für ca. 2 bis 5 Minuten auftauen lassen. Wenn die Beeren weich sind, diese mit einem Stabmixer fein pürieren.
2. Die Chiasamen hinzugeben und den Honig unterrühren. Für ca. 5 Minuten bei mittlerer Hitze quellen lassen, bis die entstandene Marmelade eine dickflüssige Konsistenz annimmt.
3. Die Brombeermarmelade in ein kleines Einmachglas füllen und sofort servieren oder kalt stellen.

Tipp: Die Marmelade eignet sich als Brotaufstrich, aber auch als Topping auf Porridge oder Joghurt. Die Marmelade sollte im Kühlschrank gelagert und möglichst schnell verbraucht werden.

Anstelle des Honigs kann auch ein anderes Süßungsmittel wie Ahornsirup verwendet werden.

Aprikosen-Marmelade

Minuten: 20

✔ Low Carb
✔ Paleo

Portionen: 4

Zutaten:

- 5 Aprikosen
- 20 ml Wasser
- 1 EL Chiasamen
- 1 TL flüssiger Honig

Zubereitung:

1. Die Aprikosen waschen, entsteinen und in Stücke schneiden. Zusammen mit dem Wasser in einem kleinen Topf bei mittlerer Hitze für ca. 10 Minuten einkochen lassen, bis diese weich werden und eindicken. Mit einem Stabmixer fein pürieren.
2. Die Chiasamen und den Honig unterrühren und ca. 5 Minuten quellen lassen.
3. In ein Einmachglas füllen und sofort servieren oder kalt stellen.

Tipp: Die Marmelade eignet sich als Brotaufstrich, aber auch als Topping auf Porridge oder Joghurt. Die Marmelade sollte im Kühlschrank gelagert und möglichst schnell verbraucht werden.

Anstelle des Honigs kann auch ein anderes Süßungsmittel wie Ahornsirup verwendet werden.

Erdmandelmus

Minuten: 5 | ✔ Paleo | Portionen: 1

Zutaten:

- 30 g Erdmandelmehl
- 30 g Kokosöl

Zubereitung:

1. Das Kokosöl über einem Wasserbad zum Schmelzen bringen.
2. Das Erdmandelmehl mit dem geschmolzenen Kokosöl vermengen, bis ein glattes Mus entsteht.
3. In einem Schälchen servieren.

Tipp: Das Mus eignet sich nicht nur als Aufstrich, sondern auch zum Süßen von Porridge, sodass man keinen zusätzlichen natürlichen Zucker verwenden muss. Anstatt des Erdmandelmehls kann man alternativ gemahlene Erdmandeln verwenden.

Man kann auch eine größere Menge zubereiten und das Erdmandelmus anschließend in ein Glas mit Schraubverschluss füllen. Es ist auch ohne Kühlung einige Tage haltbar.

Carob-Creme

Minuten: 2

✔ Low Carb
✔ Paleo

Portionen: 1

Zutaten:

- 1 EL braunes Mandelmus
- 1 EL Mandelmilch
- 1 TL Honig
- 1 TL Carobpulver

Zubereitung:

1. Mandelmus, Honig und Carobpulver in einem kleinen Schälchen miteinander vermengen.
2. Mandelmilch unterrühren, bis die Masse eine cremige Konsistenz annimmt.
3. In ein Schälchen füllen und sofort servieren oder kalt stellen.

Tipp: Man kann auch eine größere Menge zubereiten und die Carob-Creme anschließend in ein Glas mit Schraubverschluss füllen. Im Kühlschrank ist die Creme mindestens 4 Tage haltbar.

Reisbrei mit Apfelmus

Minuten: 10 — Portionen: 1

Zutaten:

- 1 Apfel
- 50 g Reisflocken
- 200 ml Wasser
- 200 ml Mandelmilch
- 1 EL Honig
- 1 TL Zimt

Zubereitung:

1. Für das Apfelmus den Apfel schälen und in Würfel schneiden. Die Apfelstücke in einem kleinen Topf mit 100 ml Wasser für ca. 10 Minuten köcheln lassen, bis diese weich werden.
2. Die Reisflocken in einem separaten Topf mit 100 ml Wasser aufkochen. Die Mandelmilch, Honig und Zimt hinzugeben und für ca. 5 Minuten köcheln lassen.
3. Die gekochte Apfelmasse mit einem Stabmixer zu einem Mus pürieren. Zusammen mit dem Reisbrei in einer Schale servieren und nach Belieben mit Zimt garnieren.

Tipp: Für mehr Geschmack einfach noch etwas mehr Zimt verwenden. Anstelle des Apfelmuses kann man auch gedünstete, mit Zimt gewürzte Apfelstücke verwenden.

Reisbrei mit Beeren

Minuten: 10 **Portionen: 1**

Zutaten:

- 100 g histaminarme Beeren *(gefroren)*
- 50 g Reisflocken
- 150 ml Wasser
- 150 ml Kokosdrink
- 1 EL Honig
- 1 TL Zimt

Zubereitung:

1. Das Wasser in einen kleinen Topf füllen und die Reisflocken hinzugeben. Bei mittlerer Hitze erwärmen.
2. Den Kokosdrink hinzugeben und den Reisbrei für ca. 5 Minuten köcheln lassen.
3. Währenddessen die Beeren in einen separaten Topf geben und bei geringer Hitze erwärmen.
4. Den Honig und Zimt in den fertigen Reisbrei einrühren. Anschließend den Brei in eine Schale füllen und mit den warmen Beeren und etwas Zimt garniert servieren.

Tipp: Als Beeren eignen sich z.B. Brombeeren, Johannisbeeren oder Heidelbeeren.

Süßkartoffel-Heidelbeer-Bowl

Minuten: 10
+ 20 (Kochzeit)

✔ Paleo

Portionen: 1
(Bowl)

Zutaten:

Bowl

- 1 kleine Süßkartoffel
- 100 ml Kokosdrink
- 50 ml Kokosmilch *(Dose)*
- 1 TL Honig
- 1 TL Zimt

Toppings

- 1 TL Mandelmus
- 2 EL Heidelbeeren
- 6 Pfirsichscheiben *(optional)*

Zubereitung:

1. Die Süßkartoffel schälen und in kleine Würfel schneiden. In einem Topf mit Wasser für ca. 15 bis 20 Minuten weich kochen.
2. Wenn die Süßkartoffelstücke weich sind, das Wasser abgießen. Den Kokosdrink, die Kokosmilch, den Honig sowie den Zimt hinzugeben. Mit einem Stabmixer zu einer cremigen Masse pürieren.
3. Die entstandene Masse in eine Bowl-Schale geben und mit den Toppings garniert servieren.

Tipp: Gefrorene Heidelbeeren als Topping machen die Bowl besonders erfrischend und zu einem guten Frühstück an Sommertagen.

Aprikosen-Vanille-Porridge

Minuten: 10 **Portionen: 1**

Zutaten:

- 60 g Haferflocken *(glutenfrei)*
- 150 ml Wasser
- 50 ml Kokosdrink
- 2 EL Aprikosenmarmelade *(Rezept S. 38)*
- 2 EL Mandeljoghurt
- 2 EL Ahornsirup
- 1 Prise gemahlene Vanille

Zubereitung:

1. Die Haferflocken in ein Schälchen geben, das Wasser hinzufügen und über Nacht in den Kühlschrank stellen.
2. Vor dem Verzehr 1 EL Ahornsirup und den Kokosdrink unter die Haferflocken rühren und die Aprikosenmarmelade zubereiten (Rezept S. 38).
3. Anschließend den Mandeljoghurt mit der gemahlenen Vanille und 1 EL Ahornsirup in einer kleinen Schüssel vermengen.
4. Den Mandel-Vanille-Joghurt und anschließend die Aprikosenmarmelade auf den Haferflocken verteilen und servieren.

Tipp: Das Porridge schmeckt auch warm sehr gut. Hierfür die Haferflocken mit dem Wasser und Kokosdrink bei geringer Hitze ca. 5 Minuten köcheln lassen.

Kirsch-Porridge

Minuten: 10

Portionen: 1

Zutaten:

- 60 g Haferflocken *(glutenfrei)*
- 1 EL geschrotete Leinsamen
- 150 ml Wasser
- 50 ml Kokosdrink
- 2 EL Sauerkirschmarmelade *(Rezept S. 36)*
- 2 EL Mandeljoghurt
- 2 EL Ahornsirup
- 1 Prise gemahlene Vanille

Zubereitung:

1. Die Haferflocken und Leinsamen in ein Schälchen geben, das Wasser hinzufügen und über Nacht in den Kühlschrank stellen.
2. Vor dem Verzehr 1 EL Ahornsirup und den Kokosdrink unter die Haferflocken rühren und die Sauerkirschmarmelade zubereiten (Rezept S. 36).
3. Anschließend den Mandeljoghurt mit der gemahlenen Vanille und 1 EL Ahornsirup in einer kleinen Schüssel vermengen.
4. Den Mandel-Vanille-Joghurt zu den Haferflocken geben, anschließend die Sauerkirschmarmelade darauf verteilen und servieren.

Tipp: Das Porridge schmeckt auch warm sehr gut. Hierfür die Haferflocken sowie Leinsamen mit dem Wasser und Kokosdrink bei geringer Hitze ca. 5 Minuten köcheln lassen.

Haferbrei mit Vanille und Apfel

Minuten: 10

Portionen: 1

Zutaten:

- 1 Apfel
- 50 g Haferflocken *(glutenfrei)*
- 150 ml Wasser
- 2 EL geschrotete Leinsamen
- 1 EL gehackte Mandeln
- ½ TL gemahlene Vanille
- 1 Prise Zimt
- 1 EL Ahornsirup *(optional)*

Zubereitung:

1. Das Wasser mit den Haferflocken, Leinsamen, Vanille und Zimt in einem Topf aufkochen und ca. 5 Minuten unter regelmäßigem Rühren köcheln lassen.
2. Den Apfel waschen und in Würfel schneiden. Die Mandeln trocken in einer Pfanne anrösten.
3. Den Haferbrei in ein Schälchen geben und mit den Äpfeln und Nüssen garniert servieren. Für mehr Süße noch 1 EL Ahornsirup darüber verteilen.

Chai-Porridge

Minuten: 5

✔ Low Carb
✔ Paleo

Portionen: 1

Zutaten:

- 4 EL gemahlene Mandeln
- 3 EL Leinsamen
- 2 EL Chiasamen
- 150 ml Mandelmilch
- 1 TL Mandelmus
- 1 TL Chai-Gewürzmischung
  (je 1 TL gemahlener Muskat, Kardamom, Zimt, Nelken und ½ TL gemahlener Ingwer)
- 1 TL Kokosöl

Zubereitung:

1. Das Kokosöl in einer kleinen Pfanne erhitzen.
2. Die gemahlenen Mandeln, Leinsamen, Chiasamen und die Chai-Gewürzmischung in die Pfanne geben. Alles für ca. 2 Minuten bei mittlerer Hitze anrösten.
3. Die Herdplatte ausstellen, die Mandelmilch über die Samen-Nuss-Mischung gießen und alles noch einmal gut verrühren.
4. Den fertigen Brei in eine Schale füllen, das Mandelmus darüber verteilen und servieren.

Tipp: Als Alternative kann das Porridge auch ohne die Chai-Gewürzmischung zubereitet werden. Für mehr Süße optional etwas Honig oder Ahornsirup verwenden.

Apfel-Erdmandel-Porridge

Minuten: 10 ✔ Paleo **Portionen: 1**

Zutaten:

- 1 Apfel
- 2 EL gemahlene Erdmandeln
- 2 EL geschrotete Leinsamen
- 1 EL Hanfsamen
- 100 ml Kokosdrink
- 100 ml Wasser
- 1 TL Zimt

Zubereitung:

1. Den Apfel waschen und mit einer Handreibe fein raspeln.
2. Den geraspelten Apfel zusammen mit den anderen Zutaten in einen kleinen Topf geben und bei mittlerer Hitze für ca. 5 Minuten köcheln lassen.
3. Das Porridge in eine Schale umfüllen und servieren.

Tipp: Als Topping für das Porridge eignen sich z.B. Apfelscheiben oder histaminarme Nüsse.

Kastanien-Crêpes

Minuten: 10 ✓ Paleo **Portionen: 2** *(Crêpes)*

Zutaten:

Crêpes

- 100 g Kastanienmehl
- 150 ml Kokosdrink
- 1 TL Ghee

Toppings

- 1 TL Zimt
- 1 TL Kokosblütenzucker

Zubereitung:

1. Das Kastanienmehl und den Kokosdrink miteinander in einer Schüssel verquirlen, bis ein glatter Teig entsteht.
2. Das Ghee in eine Pfanne geben und bei mittlerer Hitze erwärmen.
3. Aus dem Teig 2 dünne Crêpes braten.
4. Mit dem Zimt und Zucker bestreuen und servieren.

Tipp: Als Toppings für die Crêpes eignen sich auch etwas Apfelmus (Rezept S. 119) oder Carob-Creme (Rezept S. 40).

Süßkartoffel-Pancakes

Minuten: 25 ✔ Paleo **Portionen: 3** *(Pancakes)*

Zutaten:

Pancakes

- 150 g Süßkartoffel
- 45 g Maniokmehl
- 50 ml Mandelmilch
- 1 TL Zimt
- 1 TL Kokosöl

Toppings

- 1 EL Mandelmus
- 2 EL Heidelbeeren
- 1 TL Ahornsirup

Zubereitung:

1. Die Süßkartoffel schälen und in kleine Würfel schneiden. In einem Topf mit kochendem Wasser für ca. 15 Minuten weich kochen. Wenn die Süßkartoffelstücke gar sind, das Wasser abgießen (noch ca. 3 EL Flüssigkeit im Topf lassen) und mit einem Stabmixer zu einem Brei pürieren.
2. Das Maniokmehl mit der Mandelmilch und dem Zimt in einer Schüssel verrühren und in die Süßkartoffelmasse einrühren.
3. 1 TL Kokosöl in einer Pfanne erhitzen und nacheinander 3 kleine Pancakes aus dem Süßkartoffel-Teig braten.
4. Die fertigen Pancakes mit Mandelmus bestreichen, Heidelbeeren und Ahornsirup darüber verteilen und servieren.

Reismehl-Pfannekuchen

Minuten: 15

Portionen: 3
(Pfannekuchen)

Zutaten:

Pfannekuchen

- 150 g Reismehl
- 250 ml Mandelmilch
- 1 EL Mandeljoghurt
- 2 EL Ahornsirup
- 1 TL Kokosol

Toppings

- 1 Apfel
- 2 EL Ahornsirup
- 1 TL Zimt
- 1 TL Kokosöl
- 2 EL Mandeljoghurt

Zubereitung:

1. Für das Topping den Apfel schälen und in Würfel schneiden. In einer Pfanne das Kokosöl erhitzen und die Apfelstücke mit Zimt und Ahornsirup bei mittlerer Hitze für ca. 5 Minuten andünsten.
2. Für die Pfannekuchen das Reismehl, die Mandelmilch, den Mandeljoghurt und den Ahornsirup in einer Schüssel mit einem Schneebesen zu einem Teig vermengen.
3. Die gedünsteten Apfelstücke aus der Pfanne nehmen und beiseite stellen. Erneut 1 TL Kokosöl in der Pfanne erhitzen und anschließend nacheinander 3 Pfannekuchen aus dem Teig braten.
4. Die Pfannekuchen auf einen Teller geben und mit etwas Mandeljoghurt und den Apfelstücken garniert servieren.

Heidelbeer-Granola

Minuten: 10
+ 25 (Backzeit)

Portionen: 4

Zutaten:

- 100 g gefrorene Heidelbeeren
- 150 g Haferflocken *(glutenfrei)*
- 40 g Kokosraspeln
- 30 g gehackte Mandeln
- 30 g gemahlene Mandeln
- 30 g Leinsamen
- 100 ml Mandelmilch
- 3 EL Honig

Zubereitung:

1. Den Backofen auf 170 °C (Ober-/Unterhitze) vorheizen und ein Backblech mit Backpapier auslegen.
2. In einer großen Schüssel alle Zutaten miteinander vermengen.
3. Die entstandene Masse gleichmäßig auf dem Backblech verteilen und für ca. 25 Minuten in den Backofen geben.
4. Wenn das Granola schön knusprig ist, dieses aus dem Ofen nehmen und vor dem Verzehr abkühlen lassen.

Tipp: Das Granola schmeckt z.B. gut mit Kokosjoghurt und Kokosdrink.

Kokos-Granola

Minuten: 10
+ 25 (Backzeit)

✔ Paleo

Portionen: 3

Zutaten:

- 50 g Kokosraspeln
- 40 g gehackte Mandeln
- 40 g Paranüsse
- 30 g Chiasamen
- 30 g geschrotete Leinsamen
- 30 g Erdmandelflocken
- 30 g Kokosöl

Zubereitung:

1. Den Backofen auf 140 °C (Umluft) vorheizen und ein Backblech mit Backpapier auslegen.
2. Das Kokosöl in einem kleinen Topf zum Schmelzen bringen. Die Paranüsse mit einem Messer grob hacken. In einer Schüssel erst die trockenen Zutaten vermengen und anschließend das geschmolzene Kokosöl unterrühren.
3. Die entstandene Masse auf dem Backblech verteilen und für ca. 20 bis 25 Minuten in den Backofen geben.
4. Wenn das Granola knusprig ist, dieses aus dem Ofen nehmen und vor dem Verzehr abkühlen lassen.

Tipp: Das Granola mit Joghurt und/oder Pflanzenmilch servieren. Für eine Low Carb-Alternative die gemahlenen Erdmandeln durch gemahlene Mandeln ersetzen.

Buchweizen-Müsli

Minuten: 5
+ 20 (Backzeit)

Portionen: 4

Zutaten:

- 100 g Buchweizenkörner
- 100 g Buchweizenflocken
- 60 g gehackte Mandeln
- 50 g Kokosraspeln
- 20 g geschrotete Leinsamen
- 20 g gepuffter Quinoa
- 30 g Kokosöl
- 3 EL Ahornsirup

Zubereitung:

1. Den Backofen auf 150 °C (Ober-/Unterhitze) vorheizen und ein Backblech mit Backpapier auslegen.
2. Alle trockenen Zutaten in einer großen Schüssel miteinander vermengen.
3. Das Kokosöl in einem kleinen Topf schmelzen, den Ahornsirup hinzugeben und mit den trockenen Zutaten vermengen.
4. Die Masse großzügig auf dem Backpapier verteilen und für ca. 15 bis 20 Minuten goldbraun backen.
5. Vor dem Verzehr gut auskühlen lassen.

Tipp: Das Buchweizenmüsli mit etwas Pflanzendrink servieren. Wer sich eine schokoladige Note wünscht, kann zu den Zutaten noch 1 EL Carobpulver hinzufügen.

Zimtflakes

Minuten: 10
+ 25 (Backzeit)

✔ Low Carb
✔ Paleo

Portionen: 4

Zutaten:

- 90 g Leinsamenmehl
- 40 g Mandelmehl (*teilentölt*)
- 45 g Chiasamen
- 25 g Flohsamenschalen
- 25 g braunes Mandelmus
- 100 ml Mandelmilch
- 60 ml Wasser
- 2 EL Zimt

Zubereitung:

1. Den Backofen auf 170 °C (Ober-/Unterhitze) vorheizen.
2. In einer Schüssel das Leinsamenmehl, Mandelmehl, die Chiasamen, Flohsamenschalen sowie 1 EL Zimt vermengen.
3. In einer zweiten Schüssel Mandelmus, Mandelmilch und Wasser zu einer klumpenfreien Masse vermischen. Zu der trockenen Mischung geben und alles zu einem Teig kneten.
4. Den Teig zwischen 2 Backpapieren ausrollen (ca. 2 mm). Dann das obere Backpapier abziehen. Den Teig gleichmäßig mit 1 EL Zimt bestreuen und für ca. 25 Minuten in den Backofen geben.
5. Den noch warmen Teig in kleine Rechtecke zu Flakes schneiden.

Tipp: Die Zimtflakes kann man z.B. mit etwas Mandelmilch und Honig servieren.

Quinoa-Müsli

Minuten: 5
+ 15 (Backzeit)

Portionen: 3

Zutaten:

- 100 g Quinoaflocken
- 50 g Kokosraspeln
- 30 g geschrotete Leinsamen
- 30 g gehackte Mandeln
- 20 g gepuffter Quinoa
- 20 g gemahlene Erdmandeln
- 20 g Hanfsamen
- 20 g Cornflakes *(ungesüßt)*
- 30 g Kokosöl *(geschmolzen)*
- 1 EL flüssiger Honig

Zubereitung:

1. Den Backofen auf 150 °C (Ober-/Unterhitze) vorheizen und ein Backblech mit Backpapier auslegen.
2. Alle Zutaten in einer Schüssel miteinander vermengen und die Masse anschließend gleichmäßig auf dem Backpapier verteilen.
3. Für ca. 10 bis 15 Minuten im Backofen backen, bis das Müsli leicht gebräunt ist.
4. Vor dem Verzehr abkühlen lassen.

Tipp: Das Müsli mit Joghurt und/oder Pflanzenmilch servieren. Wer sich eine schokoladige Note wünscht, kann zu den Zutaten noch 1 EL Carobpulver hinzufügen.

Vanillejoghurt mit Heidelbeeren

Minuten: 5

✔ Low Carb
✔ Paleo

Portionen: 1

Zutaten:

- 200 g Kokosjoghurt
- 2 EL Heidelbeeren
- 1 EL Ahornsirup
- 1 TL gemahlene Vanille

Zubereitung:

1. Den Joghurt in ein Schälchen geben und mit der Vanille sowie dem Ahornsirup vermengen.
2. Anschließend die Heidelbeeren waschen, gut unter den Joghurt mischen und servieren.

Tipp: An heißen Sommertagen gefrorene Heidelbeeren verwenden, dann ist der Joghurt besonders erfrischend. Kann man auch gut als Dessert servieren.

Kirschjoghurt

Minuten: 10
(+ 30 Kühlzeit)

✔ Low Carb
✔ Paleo

Portionen: 2
(Schälchen)

Zutaten:

- 200 g Kokosjoghurt
- 60 g gefrorene Sauerkirschen
- 3 EL Wasser
- 1 EL Ahornsirup

Zubereitung:

1. Die Sauerkirschen in einem kleinen Topf mit 3 EL Wasser für ca. 3 bis 5 Minuten bei geringer Hitze erwärmen.
2. Wenn die Sauerkirschen weich sind, diese mit einem Pürierstab klein pürieren.
3. Die Sauerkirschenmasse, den Ahornsirup sowie den Joghurt in einer Schüssel miteinander vermengen.
4. Vor dem Servieren ca. 30 Minuten in den Kühlschrank stellen.

Tipp: Dazu passen z.B. etwas Kokos-Granola oder Buchweizenmüsli.

Obstsalat mit Joghurt

Minuten: 5

✔ Low Carb
✔ Paleo

Portionen: 1

Zutaten:

- ½ Apfel
- ½ Pfirsich
- 1 Handvoll Heidelbeeren
- 1 Handvoll Weintrauben
- 200 g Kokosjoghurt

Zubereitung:

1. Den Apfel und Pfirsich waschen und in Würfel schneiden.
2. Die Weintrauben waschen und halbieren. Die Heidelbeeren gut waschen.
3. Das Obst in einer Schüssel miteinander vermengen und mit etwas Kokosjoghurt servieren.

Tipp: Anstelle des Kokosjoghurt kann auch Mandeljoghurt verwendet werden.

Brote & Brötchen

Leinsamen-Brötchen

Minuten: 15
+ 25 (Backzeit)

✔ Low Carb
✔ Paleo

Portionen: 2
(Brötchen)

Zutaten:

- 150 g Leinsamenmehl
- 3 EL geschrotete Leinsamen
- 6 EL Wasser
- 1 EL gemahlene Flohsamenschalen
- 150 ml warmes Wasser
- 1 TL Salz

Zubereitung:

1. Den Backofen auf 200 °C (Ober-/Unterhitze) vorheizen und ein Backblech mit Backpapier auslegen.
2. Die geschroteten Leinsamen und 6 EL Wasser in einem Schälchen vermengen und für ca. 10 Minuten quellen lassen.
3. Das Leinsamenmehl und Salz in eine große Schüssel geben, anschließend die gequollenen Leinsamen und das warme Wasser einrühren. Mit bemehlten Händen 2 Brötchen aus dem Teig kneten.
4. Die Brötchen für ca. 20 bis 25 Minuten in den Backofen geben, bis diese schön knusprig sind.
5. Vor dem Verzehr auskühlen lassen.

Samen-Knäckebrot

Minuten: 20
+ 20 (Backzeit)

✔ Low Carb
✔ Paleo

Portionen: 3

Zutaten:

- 5 EL geschrotete Leinsamen
- 3 EL Chiasamen
- 3 EL Kürbiskerne
- 3 EL Sesamsamen
- 1 Ei
- 4 EL lauwarmes Wasser
- ¼ TL Salz

Zubereitung:

1. Den Backofen auf 180 °C (Umluft) vorheizen. Ein Backblech mit Backpapier auslegen.
2. Alle Zutaten in einer Schüssel gut vermengen und ca. 15 Minuten quellen lassen.
3. Die Masse auf das Backpapier geben, verteilen und gleichmäßig flach drücken. Für ca. 15 bis 20 Minuten in den Backofen geben.
4. Wenn das Knäckebrot schön knusprig ist, dieses aus dem Ofen nehmen, abkühlen lassen und in Stücke brechen.

Tipp: Besonders gut als Belag schmeckt junger Gouda oder Frischkäse mit Gurkenscheiben.

Maniok-Brötchen

Minuten: 10
+ 25 (Backzeit)

✔ Paleo

Portionen: 3
(Stück)

Zutaten:

- 230 g Maniokmehl
- 2 EL Flohsamenschalenmehl
- 4 EL Kartoffelstärke
- 2 Eier
- 235 ml lauwarmes Wasser
- 2 TL flüssiger Honig
- 1 EL Olivenöl
- ½ TL Natron
- ½ TL Salz

Zubereitung:

1. Den Backofen auf 200 °C (Ober-/Unterhitze) vorheizen und ein Backblech mit Backpapier auslegen.
2. Das Maniokmehl, Flohsamenschalenpulver, Natron, Salz sowie die Kartoffelstärke in einer Schüssel vermengen. Das lauwarme Wasser, 1 TL Honig sowie Öl hinzugeben. Das Ei und ein weiteres Eigelb (das Eiweiß aufheben) hinzugeben und mit einem Schneebesen zu einem gleichmäßigen Teig verrühren.
3. Den Teig zu 3 Brötchen formen und auf das Backpapier legen. Das übrig gebliebene Eiweiß, 1 TL Wasser und 1 TL Honig vermengen. Die Brötchen rundum damit einpinseln und anschließend für ca. 20 bis 25 Minuten in den Backofen geben.
4. Die Brötchen vor dem Verzehr abkühlen lassen.

Buchweizenbrot

Minuten: 30
+ 50 (Backzeit)

Portionen: 1
(Brot)

Zutaten:

- 500 g Buchweizenmehl
- 25 g Amaranth *(gepufft)*
- 3 EL Chiasamen
- 400 ml Wasser
- 1 EL Weinsteinbackpulver
- 1 TL Salz

Zubereitung:

1. Die Chiasamen mit 100 ml lauwarmen Wasser in eine Schüssel geben und für ca. 25 Minuten quellen lassen.
2. Den Backofen auf 200 °C (Ober-/Unterhitze) vorheizen und eine Kastenform mit Backpapier auslegen.
3. In einer Schüssel das Buchweizenmehl, den Amaranth, das Backpulver und Salz vermengen. Dann das restliche Wasser und die gequollenen Chiasamen untermengen.
4. Den Teig in die Form füllen und für ca. 50 Minuten backen, bis ein Spieß, der in die Mitte des Brotes gesteckt wird, sauber herauskommt.
5. Vor dem Verzehr gut auskühlen lassen.

Tipp: Das Buchweizenbrot schmeckt auch getoastet sehr gut.

Mandel-Brötchen

Minuten: 15
+ 60 (Backzeit)

✔ Low Carb
✔ Paleo

Portionen: 2
(Brötchen)

Zutaten:

- 110 g gemahlene Mandeln
- 1 EL entöltes Mandelmehl
- 4 EL gemahlene Flohsamenschalen
- 2 EL geschrotete Leinsamen
- 6 EL Wasser
- 125 ml warmes Wasser
- Salz

Zubereitung:

1. Den Backofen auf 180 °C (Ober-/Unterhitze) vorheizen und ein Backblech mit Backpapier auslegen.
2. Die Leinsamen mit 6 EL Wasser in einer Schüssel vermengen und 10 Minuten quellen lassen.
3. Die gemahlenen Mandeln, das Mandelmehl, die gemahlenen Flohsamenschalen, 1 Prise Salz sowie 125 ml warmes Wasser ebenfalls in die Schüssel geben und alles gut vermengen.
4. 2 Brötchen aus dem Teig formen und mit den Sesamkörnern garnieren. Für ca. 60 Minuten in den Backofen geben, bis sie goldbraun gebacken sind.
5. Vor dem Servieren gut auskühlen lassen.

Karottenbrot

Minuten: 10
+ 120 (Quellzeit)
+ 90 (Backzeit)

Portionen: 1
(Brot)

Zutaten:

- 140 g geraspelte Möhren
- 150 g glutenfreie Haferflocken
- 100 g gehackte Kürbiskerne
- 90 g geschrotete Leinsamen
- 60 g gemahlene Erdmandeln
- 30 g Chiasamen
- 30 g gemahlene Flohsamenschalen
- 50 g geschmolzenes Kokosöl
- 400 ml lauwarmes Wasser
- 1 TL Salz

Zubereitung:

1. Alle trockenen Zutaten in einer Schüssel vermengen und dann das Kokosöl, Wasser und die geraspelten Möhren unterrühren. Den Teig 2 Stunden quellen lassen.
2. Nach der Quellzeit den Backofen auf 180 °C (Ober-/Unterhitze) eine Kastenform mit Backpapier auslegen.
3. Den Teig in die Form füllen, mit etwas Wasser bepinseln und ca. 90 Minuten backen.
4. Das Brot vor dem Verzehr auskühlen lassen.

Warme Gerichte

Zoodles mit Kürbisbolognese

Minuten: 35 ✔ Paleo **Portionen: 1**

Zutaten:

- 100 g Rinderhack
- 1 Zucchini
- 200 g Hokkaidokürbis
- 1 Zwiebel
- 1 Knoblauchzehe
- 500 ml Gemüsebrühe
- 3 EL Olivenöl
- Salz

Zubereitung:

1. Die Zwiebel sowie die Knoblauchzehe schälen und fein hacken. Den Hokkaido waschen und in ca. 1-2 cm kleine Würfel schneiden.
2. 2 EL Olivenöl in einer Pfanne erhitzen. Anschließend die Zwiebel- und Knoblauchstücke zusammen mit dem Hackfleisch für 2 bis 3 Minuten anbraten. Dann die Hokkaidowürfel hinzugeben und mit der Gemüsebrühe ablöschen. Bei geringer Hitze für ca. 15 bis 20 Minuten köcheln lassen, bis der Kürbis weich ist.
3. Die Zucchini waschen und durch den Spiralschneider in eine separate Pfanne mit 1 EL Olivenöl drehen. 1 Prise Salz hinzugeben und bei mittlerer Hitze für 2 bis 3 Minuten dünsten.
4. Die Zoodles zusammen mit der Bolognese in einer Schale anrichten und servieren.

Tipp: Wenn man keinen Spiralschneider hat, kann man alternativ mit einem Schäler Streifen aus der Zucchini schälen.

Gemüse-Hack-Pfanne

Minuten: 25

✔ Low Carb
✔ Paleo

Portionen: 2

Zutaten:

- 300 g Rinderhack
- 1 Zucchini
- 1 Möhre
- 1 Paprika
- 1 Stange Lauch
- 1 Zwiebel
- 1 Knoblauchzehe
- 150 ml Wasser
- 2 EL Olivenöl
- Salz

Zubereitung:

1. Die Zwiebel sowie die Knoblauchzehe schälen und in Würfel schneiden. Die Möhre ebenfalls schälen und in kleine Stücke schneiden. Die Zucchini, Paprika sowie den Lauch waschen und anschließend in Stücke bzw. den Lauch in Ringe schneiden.
2. Die Zwiebel- und Knoblauchwürfel zusammen mit dem Rinderhack in einer Pfanne mit Olivenöl für ca. 2 bis 3 Minuten anbraten.
3. Das Gemüse, 1 Prise Salz und das Wasser in die Pfanne geben und für ca. 10 bis 15 Minuten bei mittlerer Hitze gar dünsten.
4. Den Pfanneninhalt in eine Schale geben und servieren.

Puten-Gemüse-Pfanne

Minuten: 25 ✔ Low Carb **Portionen: 1**

Zutaten:

- 300 g Putenbrust
- 1 Stange Lauch
- 2 Möhren
- 1 Zwiebel
- 200 g frische Sahne *(laktosefrei)*
- 100 ml Wasser
- 2 EL Olivenöl
- Salz

Zubereitung:

1. Die Zwiebel schälen und in Würfel schneiden. Die Möhren ebenfalls schälen und in dünne Scheiben schneiden. Den Lauch waschen und in Ringe schneiden.
2. Das Fleisch in grobe Stücke schneiden und in einer Pfanne mit Olivenöl für ca. 2 bis 3 Minuten anbraten.
3. Das Gemüse und 1 Prise Salz in die Pfanne hinzugeben und ca. 5 Minuten dünsten. Mit dem Wasser und der Sahne ablöschen und alles für ca. 15 Minuten bei geringer Hitze köcheln lassen.
4. Das Gericht mit Salz abschmecken und in einer Schale servieren.

Tipp: Anstelle der Putenbrust kann auch Hähnchenbrust verwendet werden.

Chicken Nuggets mit Paprikaketchup

Minuten: 20
+ 25 (Backzeit)

✔ Low Carb
✔ Paleo

Portionen: 10
(Nuggets)

Zutaten:

- 350 g Hähnchenbrustfilet
- 40 g gemahlene Mandeln
- 40 g Sesam
- 2 EL Kokosöl
- 2 EL Olivenöl
- Salz

Zubereitung:

1. Das Hähnchenbrustfilet in Nugget-große Stücke schneiden.
2. Das Kokosöl in einer Schale über einem Wasserbad schmelzen.
3. In einer anderen kleinen Schüssel die gemahlenen Mandeln, den Sesam und 1 Prise Salz vermischen.
4. Die Hähnchenstücke zuerst in das Kokosöl und dann in die Mandel-Sesam-Panade tunken.
5. Den Backofen auf 200 °C (Ober-/Unterhitze) vorheizen.
6. Ein Backblech mit Backpapier belegen und die Nuggets darauf verteilen. Für ca. 25 Minuten in den vorgeheizten Backofen geben.

Tipp: Zusammen mit Paprikaketchup (Rezept S. 117) servieren. Als Beilage eignet sich zudem ein frischer Salat (Rezept auf S. 106) oder Kartoffelwedges (Rezept auf S. 83).

Grüner Spargel mit Lachs

Minuten: 30

✔ Low Carb
✔ Paleo

Portionen: 1

Zutaten:

Grundlage

- 8 Stangen grüner Spargel
- 1 Lachsfilet *(tiefgekühlt)*

Soße

- 10 g Ghee

Salat

- ½ Gurke
- 2 EL Olivenöl
- 1 TL Dill
- Salz

Zubereitung:

1. Den Backofen auf 190 °C (Ober-/Unterhitze) vorheizen. Den Lachs mit 1 Prise Salz bestreuen und in einer kleinen Auflaufform für ca. 20 bis 25 Minuten in den Backofen geben.
2. Den Spargel waschen, die holzigen Enden abschneiden und das untere Drittel der Stangen schälen. In einen Topf mit kochendem Salzwasser geben und für ca. 10 bis 15 Minuten weich kochen.
3. Für den Salat die Gurke schälen und mit einer Reibe in Scheiben reiben. In einem kleinen Schälchen aus dem Olivenöl, Dill und 1 Prise Salz ein Dressing mixen. Die Gurkenscheiben zu dem Dressing geben und gut miteinander vermischen.
4. Den Lachs aus dem Backofen nehmen und mit dem Spargel auf einem Teller anrichten. Für die Soße Ghee in einem Topf schmelzen und über den Spargel und Lachs gießen. Zusammen mit dem Gurkensalat servieren.

Süßkartoffel-Kohlrabi-Suppe

Minuten: 35 ✔ Paleo Portionen: 2

Zutaten:

- 2 große Möhren
- 1 große Süßkartoffel
- 1 Kohlrabi
- 10 g Ingwer
- 1 Knoblauchzehe
- 500 ml Gemüsebrühe
- 200 ml Kokosmilch *(Dose)*
- 1 TL Kurkumapulver
- 1 EL Kokosöl

Zubereitung:

1. Die Süßkartoffel, Kohlrabi und Möhren schälen und in Würfel schneiden. Den Knoblauch schälen und fein hacken. Das Stück Ingwer schälen und ebenfalls klein hacken.
2. Das Kokosöl in einem Topf erhitzen und den Knoblauch, den Ingwer und das gewürfelte Gemüse hinzugeben. Für 3 bis 5 Minuten andünsten und anschließend das Kurkumapulver hinzufügen.
3. Mit der Gemüsebrühe ablöschen und auf mittlerer Hitze für ca. 20 bis 25 Minuten weich kochen. Wenn das Gemüse weich ist, dieses mit einem Pürierstab fein pürieren.
4. Zum Schluss die Kokosmilch einrühren und die fertige Suppe in einer Schale servieren.

Möhren-Kartoffel-Stampf

Minuten: 30 ✔ Paleo **Portionen: 2**

Zutaten:

- 2 große Möhren
- 3 große Kartoffeln
- 1 Zwiebel
- 1 EL Ghee
- 1 EL Olivenöl
- 1 EL frische Petersilie *(gewaschen)*
- Salz

Zubereitung:

1. Die Kartoffeln und Möhren schälen und in grobe Stücke schneiden. In einem Topf mit Salzwasser ca. 20 Minuten weich kochen.
2. Die Zwiebel schälen, in kleine Würfel schneiden und in einer Pfanne mit Olivenöl für ca. 2 bis 3 Minuten knusprig anbraten.
3. Das Ghee in einem kleinen Topf bei geringer Hitze zum Schmelzen bringen.
4. Wenn die Kartoffeln und Möhren weich sind, das Wasser abgießen, dabei 3 bis 4 EL von der Kochflüssigkeit im Topf lassen. Die Kartoffeln und Möhren mit einem Kartoffelstampfer zu einem Brei verarbeiten. Salz, die gebratenen Zwiebeln und Ghee unterrühren.
5. Auf einem Teller mit der frischen Petersilie garniert servieren.

Tipp: Zu diesem Gericht passen z.B. Frikadellen (Rezept S. 98).

Kürbis-Risotto

Minuten: 40 **Portionen: 2**

Zutaten:

- 1 kleiner Hokkaidokürbis
- 170 g Risottoreis
- 1 Knoblauchzehe
- 4 Frühlingszwiebeln
- 500 ml Gemüsebrühe
- 1 EL Schmand *(laktosefrei)*
- 25 g junger Gouda *(laktosefrei)*
- 2 EL frische Petersilie
- 2 EL Olivenöl

Zubereitung:

1. Den Kürbis waschen und in Würfel schneiden. Die Knoblauchzehe schälen und fein hacken. Die Frühlingszwiebeln waschen und in Ringe schneiden.
2. Das Olivenöl in einem Topf erhitzen, anschließend die Knoblauchwürfel und den Risottoreis hinzugeben und für 2 Minuten anschwitzen. Den Kürbis und die Frühlingszwiebeln hinzugeben und nochmals 2 bis 3 Minuten andünsten. Anschließend mit der Gemüsebrühe ablöschen. Für ca. 25 Minuten köcheln lassen.
3. Wenn der Reis gar ist, den Käse und Schmand unterrühren.
4. Das fertige Risotto in eine Schale füllen. Die Petersilie waschen und fein hacken. Das Risotto damit garnieren und servieren.

Gemüsebällchen

Minuten: 25
+ 30 (Backzeit)

✔ Low Carb
✔ Paleo

Portionen: 20
(Bällchen)

Zutaten:

Gemüsebällchen

- 2 kleine Möhren
- 1 mittelgroße Zucchini
- 1 Zwiebel
- 1 Ei
- 3 EL Hanfmehl
- 1 EL Olivenöl
- Salz

Soße

- 50 ml Kokosmilch
- 1 TL Kurkumapulver
- Salz

Zubereitung:

1. Den Backofen auf 200 °C (Ober-/Unterhitze) vorheizen und ein Backblech mit Backpapier auslegen.
2. Die Zwiebel schälen, in kleine Würfel schneiden und in einer Pfanne mit Olivenöl für ca. 2 bis 3 Minuten anbraten und beiseite stellen.
3. Die Zucchini waschen, die Möhren schälen und beides mit einer feinen Reibe in eine Schüssel raspeln. Alternativ mit einem Zerkleinerer pürieren.

4. Zu dem geraspelten Gemüse die Zwiebelstücke sowie das Mehl geben und mit Salz würzen.
5. Das Ei trennen, das Eigelb zu der Gemüsemischung geben und das Eiweiß in einer separaten Schüssel steif schlagen. Anschließend das steife Eiweiß unterheben.
6. 20 kleine Bällchen formen und auf das Backblech legen. Für ca. 30 Minuten in den vorgeheizten Backofen geben.
7. Für die Currysoße die Kokosmilch mit dem Kurkumapulver sowie 1 Prise Salz in einem kleinen Schälchen mischen. Falls die Kokosmilch etwas klumpig ist, diese kurz erhitzen.
8. Die Bällchen in einer Schale anrichten, die Soße darüber gießen und servieren.

Tipp: Als Beilage passt z.B. Konjakreis oder Naturreis sehr gut.

Maniok-Pizza

Minuten: 20
+ 20 (Backzeit)

✔ Paleo

Portionen: 1
(Pizza)

Zutaten:

Teig

- 120 g Maniokmehl
- 80 ml Wasser
- 40 ml Olivenöl
- ½ TL Salz

Soße

- 150 g Hokkaidokürbis
- 2 EL Olivenöl
- 1 Prise Salz
- 1 TL Oregano

Belag

- ¼ Paprika
- ¼ Zucchini
- 2 EL Brokkoliröschen

Zubereitung:

1. Für die Soße den Kürbis waschen, entkernen und in kleine Würfel schneiden. Die Kürbisstückchen in einer Pfanne mit dem Olivenöl bei geringer Hitze für ca. 10 bis 15 Minuten dünsten, bis sie weich werden.
2. Den Backofen auf 200 °C (Ober-/Unterhitze) vorheizen.

3. Für den Teig alle Zutaten in einer Schüssel zu einem Teig vermengen. Sollte der Teig noch sehr klebrig sein, noch etwas mehr Mehl hinzufügen. Den Teig mit bemehlten Händen auf das Backpapier legen und mit einem bemehlten Nudelholz gleichmäßig ausrollen.
4. Die Kürbisstücke aus der Pfanne in eine Schale geben und mit einem Stabmixer zu einem Brei pürieren. Oregano hinzufügen und mit Salz abschmecken.
5. Die Paprika und Zucchini waschen und in kleine Würfel schneiden. Die Brokkoliröschen ebenfalls waschen.
6. Die Kürbissoße auf dem Pizzateig verteilen und anschließend mit den Paprika- und Zucchiniwürfeln sowie Brokkoliröschen belegen.
7. Die Pizza in den Backofen geben und für ca. 20 Minuten backen.
8. Die fertige Pizza aus dem Ofen nehmen und auf einem Teller servieren.

Tipp: Anstelle der Kürbissoße kann man auch Paprikaketchup verwenden (Rezept S. 117).

Hähnchen-Gemüse-Spieße

Minuten: 15

✔ Low Carb
✔ Paleo

Portionen: 2 *(Spieße)*

Zutaten:

- 150 g Hähnchenbrustfilet
- ½ rote Paprika
- ½ gelbe Paprika
- ½ kleine Zucchini
- 2 EL Olivenöl
- 1 TL Paprikapulver *(edelsüß)*
- Salz

Zubereitung:

1. Das Hähnchenbrustfilet in grobe Stücke schneiden.
2. Die Paprika waschen und ebenfalls in grobe Stücke schneiden. Die Zucchini waschen und in Scheiben schneiden.
3. Das Hähnchen, die Paprika und Zucchini abwechselnd auf einem Holzspieß aufspießen und anschließend rundum mit Olivenöl einpinseln. Mit Paprikapulver sowie Salz würzen.
4. Für ca. 10 Minuten auf den Grill legen, bis das Hähnchenfleisch gar ist.
5. Die Spieße zum Servieren auf einem Tellern anrichten.

Tipp: Mit Paprikaketchup (Rezept auf S. 117) oder Aprikosendip (Rezept S. 121) servieren. Alternativ können die Hähnchenspieße auch in der Pfanne gebraten werden.

Kartoffelwedges

Minuten: 10
+ 30 (Backzeit)

✔ Paleo

Portionen: 2

Zutaten:

- 2 große Kartoffeln
- 2 EL Olivenöl
- 1 TL Rosmarin
- Salz

Zubereitung:

1. Den Backofen auf 200 °C (Ober-/Unterhitze) vorheizen und ein Backblech mit Backpapier auslegen.
2. Die Kartoffeln schälen und in Spalten schneiden. Die Spalten auf dem Backpapier verteilen und rundum mit Olivenöl einpinseln. Den Rosmarin gleichmäßig über die Kartoffelecken streuen. Für ca. 30 Minuten in den vorgeheizten Backofen geben, bis die Wedges goldbraun gebacken sind.
3. Die Kartoffelecken aus dem Backofen nehmen, sobald sie knusprig gebräunt sind. Mit Salz würzen.

Tipp: Zusammen mit einem Kräuterdip (Rezept S. 120) und etwas frischem Salat (Rezept S. 106) servieren. Auch die Hähnchenspieße (Rezept S. 82) passen sehr gut dazu.

Gemüse-Lasagne

Minuten: 25
+ 25 (Backzeit)

Portionen: 4

Zutaten:

Gemüse-Schicht

- 1 kleiner Spitzkohl
- 2 Möhren
- ½ Kohlrabi
- 1 Knoblauchzehe
- 50 ml Wasser
- 1 EL Ghee
- Salz

Bechamel-Soße

- 25 g Maniokmehl
- 25 g Ghee
- 200 ml Mandelmilch
- Salz

Sonstiges

- 6-8 glutenfreie Lasagneplatten
- 150 g Gouda gerieben *(laktosefrei)*

Zubereitung:

1. Für die Gemüseschicht den Spitzkohl waschen und in Streifen schneiden. Die Möhren sowie den Kohlrabi schälen und in dünne Scheiben schneiden. Die Knoblauchzehe ebenfalls schälen und fein würfeln.
2. Das Ghee in einem großen Topf bei mittlerer Hitze zum Schmelzen bringen, dann das Gemüse hineingeben und für 3 bis 5 Minuten andünsten.

3. 1 TL Salz und das Wasser hinzugeben und nochmals für ca. 10 Minuten bei geringer Hitze dünsten.

4. Für die Bechamel-Soße das Ghee in einem kleinen Topf bei geringer Hitze zum Schmelzen bringen und anschließend das Maniokmehl mit einem Schneebesen gleichmäßig einrühren. Die Mandelmilch hinzufügen und die Herdplatte etwas höher stellen, kurz aufkochen lassen bis die Soße eindickt.

5. Den Backofen auf 200 °C (Ober-/Unterhitze) vorheizen.

6. In eine Auflaufform zuerst eine Schicht des Gemüses und dann eine Schicht Lasagneplatten geben. Dann die Hälfte der Bechamel-Soße gleichmäßig auf den Lasagneplatten verteilen. Nun wieder eine Schicht Gemüse, darauf Lasagneplatten, wieder die Soße und zum Schluss den Rest Gemüse verteilen. Zum Schluss den geriebenen Gouda darüber streuen.

7. Für ca. 25 Minuten in den vorgeheizten Backofen geben, bis der Käse knusprig braun ist.

8. Wenn die Lasagne gar ist, diese aus dem Ofen nehmen und auf einem Teller portionsweise anrichten und servieren.

Tipp: Als Variation kann man auch anderes Gemüse wie z.B. Zucchini oder Paprika verwenden.

Süßkartoffel-Hack-Eintopf

Minuten: 30 ✔ Paleo **Portionen: 2**

Zutaten:

- 250 g Rinderhack
- ½ Süßkartoffel
- 1 große Möhre
- 1 rote Paprika
- ½ gelbe Paprika
- 1 Knoblauchzehe
- 300 ml Wasser
- 2 EL Olivenöl
- 1 EL Paprikapulver *(edelsüß)*
- Salz

Zubereitung:

1. Die Möhren sowie die Süßkartoffel schälen und in kleine Würfel schneiden. Die Paprika waschen und in Stücke schneiden. Den Knoblauch schälen und ebenfalls in kleine Würfel schneiden.
2. Das Olivenöl in einem Topf erhitzen, anschließend die Knoblauchwürfel glasig darin anschwitzen. Das Hackfleisch zugeben und für ca. 2 bis 3 Minuten anbraten, mit ½ TL Salz und Paprikapulver würzen.
3. Anschließend das restliche Gemüse hinzufügen und mit dem Wasser ablöschen. Für ca. 20 bis 25 Minuten köcheln lassen, bis das Gemüse gar ist.
4. Den fertigen Eintopf in eine Schale füllen und servieren.

Tipp: Als Beilage zu diesem Gericht passt z.B. Reis sehr gut.

Gemüse-Puffer

Minuten: 15
+ 30 (Backzeit)

✔ Paleo

Portionen: 5
Puffer

Zutaten:

- 1 große Kartoffel
- 1 große Möhre
- 1 Zucchini
- 1 Zwiebel
- 1 Ei
- 1 EL Maniokmehl
- Salz

Zubereitung:

1. Die Kartoffeln und Möhren schälen, die Zucchini waschen und das Gemüse mit einer groben Reibe in eine Schüssel raspeln. Die Zwiebel schälen, in Würfel schneiden und dazu geben. Anschließend ½ TL Salz hinzugeben und 5 Minuten ziehen lassen. Nach der Ziehzeit die Gemüsemasse in einem Sieb leicht ausdrücken.
2. Den Backofen auf 200 °C (Ober-/Unterhitze) vorheizen.
3. Das Ei und Mehl unter die Gemüsemasse rühren. Anschließend Puffer daraus formen und auf einem Backblech mit Backpapier verteilen. Für ca. 30 Minuten in den vorgeheizten Backofen geben.
4. Die fertigen Puffer auf einem Teller anrichten und servieren.

Tipp: Als Beilage passt Apfelmus (Rezept auf S. 119) oder ein Kräuterdip (Rezept auf S. 120) sehr gut.

Rindfleisch-Möhren-Kartoffel-Eintopf

Minuten: 15
+ 120 (Kochzeit)

Paleo

Portionen: 2

Zutaten:

- 500 g mageres Rindfleisch
- 3 große Möhren
- 3 große Kartoffeln
- 2 EL frische Petersilie
- Salz

Zubereitung:

1. Das Stück Rindfleisch in einen großen Topf mit Wasser geben, bis dieses vollständig bedeckt ist. Für ca. 60 Minuten bei mittlerer Hitze kochen lassen und ggf. Wasser nachfüllen.
2. Die Möhren und Kartoffeln schälen, die Möhren in Scheiben und die Kartoffel in grobe Würfel schneiden.
3. Nach den 60 Minuten Kochzeit, das Gemüse und 1 TL Salz ebenfalls in den Topf geben und weitere 25 Minuten kochen lassen.
4. Wenn das Gemüse gar ist, das Fleisch aus dem Topf nehmen und in mundgerechte Stücke schneiden. Ggf. Sehnen und Fett entfernen. Das Fleisch zurück in den Topf geben und den Eintopf mit Salz abschmecken.
5. Den Eintopf in eine Schale füllen. Die Petersilie waschen und klein hacken. Anschließend den Eintopf damit garnieren und servieren.

Lachs auf Gemüse

Minuten: 25

✔ Low Carb
✔ Paleo

Portionen: 1

Zutaten:

- 1 Lachsfilet *(tiefgekühlt)*
- 1 Zucchini
- 2 Möhren
- ½ Brokkoli
- 1 kleine Zwiebel
- 250 ml Wasser
- 2 EL Olivenöl
- Salz

Zubereitung:

1. Den Backofen auf 200 °C (Ober-/Unterhitze) vorheizen. Das Lachsfilet in eine kleine Auflaufform legen und für ca. 20 bis 25 Minuten in den Backofen geben.
2. Die Zwiebel schälen und in Würfel schneiden. Die Möhren schälen und in Stifte schneiden. Die Zucchini waschen und in Scheiben schneiden. Den Brokkoli waschen, die Röschen abtrennen und klein schneiden.
3. Das Olivenöl in einer Pfanne erhitzen und das Gemüse in die Pfanne geben. Für 3 bis 5 Minuten andünsten und anschließend 1 Prise Salz und das Wasser hinzugeben. Das Gemüse für ca. 10 bis 15 weitere Minuten dünsten lassen, bis es gar ist.
4. Den fertigen Lachs aus dem Ofen nehmen und 1 Prise Salz darüber streuen. Das Gemüse auf einen Teller geben und mit dem Lachs servieren.

Kartoffel-Pizza

Minuten: 35
+ 40 (Backzeit)

Portionen: 1
(Pizza)

Zutaten:

Pizzateig

- 300 g Kartoffeln
- 25 g Ghee
- 70 g Buchweizenmehl
- Salz

Belag

- 1 Möhre
- 2 EL Blumenkohlröschen
- 1 Stück gelbe Paprika

Zubereitung:

1. Die Kartoffeln schälen und in einen Topf mit Wasser ca. 20 bis 30 Minuten weich kochen.
2. Wenn die Kartoffeln weich sind, das Wasser abgießen und die Kartoffeln zusammen mit dem Ghee in eine Schüssel geben. Kurz abkühlen lassen und den Backofen auf 200 °C (Ober-/Unterhitze) vorheizen.
3. Das Buchweizenmehl und ½ TL Salz zu den Kartoffeln in die Schüssel geben. Auf einer bemehlten Arbeitsfläche einen geschmeidigen Teig aus der Masse kneten. Den Teig auf ein Backpapier legen und gleichmäßig zu einer runden Pizza flach drücken.
4. Die Blumenkohlröschen waschen. Die Paprika ebenfalls waschen und in Würfel schneiden. Die Möhren in dünne Scheiben schneiden.

Den Pizzaboden mit dem Gemüse belegen und. für ca. 40 Minuten in den Backofen geben.

5. Wenn die Pizza knusprig, goldbraun gebacken ist, diese aus dem Ofen nehmen und auf einem Teller servieren.

Tipp: Wer das Gemüse auf der Pizza lieber weich gekocht mag, kann dieses auch für ein paar Minuten vorkochen. Dann sollte man den Pizzateig aber erst nach der Hälfte der Backzeit mit dem Gemüse belegen.

Anstelle des Blumenkohls kann man auch Brokkoliröschen verwenden. Zudem kann man als Soße 2 EL Paprikaketchup auf dem Pizzaboden verteilen, bevor man diesen mit dem Gemüse belegt, das macht die Pizza noch ein wenig saftiger.

Lachs mit Gemüse und Konjaknudeln

Minuten: 30

✔ Low Carb
✔ Paleo

Portionen: 1

Zutaten:

- 1 Lachsfilet *(tiefgekühlt)*
- 250 g Konjak-Glasnudeln
- 2 Möhren
- 5 Frühlingszwiebeln
- 1 Knoblauchzehe
- 300 ml Wasser
- 200 ml Kokosmilch *(Dose)*
- 1 EL Kurkumapulver
- 1 EL Olivenöl
- Salz

Zubereitung:

1. Den Backofen auf 200 °C Ober-/Unterhitze vorheizen. Das Lachsfilet in eine kleine Auflaufform legen und für ca. 20 bis 25 Minuten in den Backofen geben.
2. Die Möhren schälen und in Würfel schneiden. Die Knoblauchzehe ebenfalls schälen und fein hacken. Die Frühlingszwiebeln waschen und in Ringe schneiden.
3. Das Olivenöl in einer Pfanne erhitzen und das Gemüse in die Pfanne geben. Für 3 bis 5 Minuten andünsten und anschließend 1 Prise Salz und das Wasser hinzugeben. Das Gemüse für ca. 10 bis 15 weitere Minuten dünsten lassen, bis es gar ist. Dann die Kokosmilch und das Kurkumapulver hinzugeben und nochmal für ca. 2 bis 3 Minuten köcheln lassen.

4. Die Konjaknudeln in einem Sieb unter heißem Wasser abspülen und in einem kleinen Topf mit Salzwasser für ca. 2 bis 3 Minuten kochen.

5. Den fertigen Lachs aus dem Ofen nehmen und 1 Prise Salz darüber streuen. Die Konjaknudeln in eine Schale geben, das Gemüse und dann den Lachs darauf verteilen.

Tipp: Anstelle der Konjaknudeln kann man z.B. auch Asia-Reisnudeln verwenden, dann ist das Gericht allerdings nicht mehr Low Carb.

Möhrennudeln mit Hähnchen

Minuten: 20

✔ Low Carb
✔ Paleo

Portionen: 1

Zutaten:

- 150 g Hähnchenbrustfilet
- 3 Möhren
- ½ kleiner Brokkoli
- 2 Stangen Frühlingszwiebel
- 300 ml Wasser
- 1 EL Paprikapulver *(edelsüß)*
- 1 TL Kurkumapulver
- 5 EL Olivenöl
- Salz

Zubereitung:

1. Das Hähnchen in Stücke schneiden. 3 EL Olivenöl in ein Schälchen geben und mit dem Paprika- und Kurkumapulver vermengen. Das Hähnchen mit der Öl-Gewürzmischung rundum marinieren. Das Hähnchen in eine Pfanne geben und für ca. 5 Minuten gar braten, anschließend mit Salz würzen. Dann in eine Schüssel geben und beiseite stellen.
2. Die Möhren schälen und mit einem Spiralschneider Zoodles daraus drehen. Den Brokkoli waschen, die Röschen abtrennen und klein schneiden. Die Frühlingszwiebeln waschen und in Ringe schneiden.
3. Das Gemüse in eine Pfanne mit 2 EL Olivenöl geben und auf mittlerer Hitze für 2 bis 3 Minuten andünsten.

4. Das Wasser hinzugeben sowie ½ TL Salz hinzufügen und das Gemüse für ca. 10 Minuten weich dünsten.
5. Wenn das Gemüse gar ist, das gebratene Hähnchen in die Pfanne geben und alles gut miteinander vermengen.
6. Mit Salz abschmecken und servieren.

Tipp: Wenn man keinen Spiralschneider hat, kann man alternativ mit einem Schäler Streifen aus den Möhren schälen.

Hackfleisch-Lauch-Pfanne

Minuten: 25

✔ Low Carb
✔ Paleo

Portionen: 2

Zutaten:

- 250 g Rinderhack
- 2 Möhren
- 2 Stangen Lauch
- 1 Zwiebel
- 500 ml Gemüsebrühe
- 2 EL Olivenöl

Zubereitung:

1. Die Zwiebel schälen und fein hacken. Die Möhren ebenfalls schälen und in dünne Scheiben schneiden. Den Lauch waschen und in Ringe schneiden.
2. Das Olivenöl in einem Topf erhitzen, anschließend die Zwiebelstücke glasig darin anschwitzen. Das Hackfleisch zugeben und für ca. 2 bis 3 Minuten anbraten, dann den Lauch und die Möhren hinzugeben. Mit der Gemüsebrühe ablöschen. Für ca. 15 bis 20 Minuten köcheln lassen, bis das Gemüse gar ist.
3. Das Hack-Lauch-Gericht in eine Schale füllen und servieren.

Tipp: Als Beilage zu diesem Gericht passen Kartoffeln sehr gut.

Gebratener Reis mit Ei

Minuten: 30 **Portionen: 1**

Zutaten:

- 70 g Reis
- ½ gelbe Paprika
- 3 Frühlingszwiebeln
- 1 große Möhre
- 1 Knoblauchzehe
- 2 Eier
- 1 TL Kurkumapulver
- 1 TL Paprikapulver *(edelsüß)*
- 2 EL Olivenöl
- Salz

Zubereitung:

1. Den Reis in einem Topf mit Salzwasser nach Vorgabe gar kochen.
2. Die Knoblauchzehe schälen und fein hacken. Die Möhre schälen und in Würfel schneiden. Die Frühlingszwiebeln und Paprika waschen und ebenfalls in kleine Ringe bzw. Würfel schneiden.
3. Das Olivenöl in einer Pfanne erhitzen und das geschnittene Gemüse hinzugeben. Das Gemüse ca. 2 bis 3 Minuten scharf anbraten, dann ½ TL Salz und ca. 30-50 ml Wasser hinzufügen. Für ca. 10 bis 15 Minuten bei geringer Hitze dünsten.
4. Wenn das Gemüse gar ist, die Eier hinzugeben und gut unterrühren. Die Eier etwa 2 bis 3 Minuten stocken lassen. Den gegarten Reis untermischen und für 2 bis 3 Minuten erneut scharf anbraten. Mit Paprikapulver sowie Curry abshcmecken und anschließend servieren.

Frikadellen mit Süßkartoffelstampf

Minuten: 30 ✔ Paleo **Portionen: 2**
(10 Mini-Frikadellen)

Zutaten:

Frikadellen

- 500 g Rinderhack
- ½ Zwiebel
- 1 Knoblauchzehe
- 2 Eier
- 5 EL Hanfmehl
- 3 EL frische Petersilie
- 2 EL Olivenöl
- ½ TL Salz

Süßkartoffelstampf

- 1 große Süßkartoffel
- 1 EL Ghee
- Salz

Zubereitung:

1. Die Süßkartoffel schälen und in Würfel schneiden. In einem Topf mit Salzwasser ca. 15 Minuten weich kochen.
2. Für die Frikadellen die Zwiebel und Knoblauchzehe schälen und fein hacken. Die Petersilie waschen und ebenfalls fein hacken. Alle Zutaten bis auf das Olivenöl in eine Schüssel geben und mit den Händen gut vermengen.
3. 10 kleine Frikadellen aus der Masse formen. Das Olivenöl in einer Pfanne erhitzen und die geformten Frikadellen von beiden Seiten für ca. 5 Minuten knusprig braten.

4. Wenn die Süßkartoffel gar ist, das Wasser abgießen, Ghee hinzugeben und zu einem Brei stampfen. Mit Salz abschmecken und zusammen mit den Frikadellen servieren.

Tipp: Für die Frikadellen kann anstelle des Hanfmehls auch Mandelmehl verwendet werden.

Quinoa-Bowl

Minuten: 15
+ 20 (Kochzeit)

Portionen: 1
(Bowl)

Zutaten:

- 50 g Quinoa
- 1 kleine Süßkartoffel
- ½ Möhre
- 3 EL Granatapfelkerne
- 200 ml Wasser
- 1 EL Paprikapulver *(edelsüß)*
- ½ TL Kurkumapulver
- 1 EL Olivenöl
- Salz

Zubereitung:

1. Die Quinoa in einem Sieb mit heißem Wasser abspülen und in einem kleinen Topf mit Salzwasser ca. 20 Minuten gar kochen.
2. Die Süßkartoffel und Möhre schälen und in kleine Würfel schneiden. In einer Pfanne mit Olivenöl bei geringer Hitze für ca. 2 bis 3 Minuten andünsten und Paprika- und Kurkumapulver sowie 1 Prise Salz über dem Gemüse verteilen. Anschließend mit dem Wasser ablöschen und für ca. 15 Minuten weich köcheln lassen.
3. Wenn die Quinoa gar ist, das Wasser abgießen und in eine Schale füllen. Das Gemüse und die Granatapfelkerne unterrühren und servieren.

Blumenkohl aus dem Ofen

Minuten: 10
+ 25 (Backzeit)

✔ Low Carb
✔ Paleo

Portionen: 2
(Portionen)

Zutaten:

- 1 kleiner Blumenkohl
- 1 Knoblauchzehe
- 3 EL Olivenöl
- Salz

Zubereitung:

1. Den Ofen auf 200 °C (Ober-/Unterhitze) vorheizen und ein Backblech mit Backpapier auslegen.
2. Den Blumenkohl waschen, die Röschen abtrennen und auf dem Backpapier verteilen. Den Knoblauch schälen und fein hacken. Den Blumenkohl mit dem Olivenöl bepinseln und die Knoblauchwürfel sowie 1 Prise Salz über dem Blumenkohl verteilen.
3. Für ca. 20 bis 25 Minuten in den Backofen geben, bis die Spitzen leicht braun werden.
4. Nach der Backzeit aus dem Ofen nehmen und servieren.

Tipp: Das Gericht zusammen mit Kartoffelwedges (Rezept S.83) servieren.

Kalte Gerichte

Nudelsalat

Minuten: 30 **Portionen: 2**

Zutaten:

- 200 g Vollkornreis-Penne
- ½ Brokkoli
- 1 große Möhre
- 100 g junger Gouda am Stück *(laktosefrei)*
- 2 EL griech. Joghurt *(laktosefrei)*
- Salz

Zubereitung:

1. Den Brokkoli waschen und die Röschen abtrennen. Die Möhre schälen und in Scheiben schneiden. Die Möhren in einem Topf mit Salzwasser für ca. 15 Minuten kochen, dann den Brokkoli hinzugeben und nochmals 5 Minuten kochen.
2. Die Reisnudeln in einen separaten Topf mit kochendem Salzwasser geben und ca. 8 bis 10 Minuten gar kochen.
3. Währenddessen den jungen Gouda in Würfel schneiden.
4. Das Gemüse und die Reisnudeln abgießen und mit kaltem Wasser abschrecken. Kurz abkühlen lassen und dann in eine Salatschüssel füllen. Den Gouda sowie den griechischen Joghurt hinzugeben und alles gut miteinander verrühren. Mit Salz abschmecken und servieren.

Apfel-Möhren-Salat

Minuten: 10

✔ Low Carb
✔ Paleo

Portionen: 1

Zutaten:

- 1 Möhre
- 1 Apfel
- 1 EL Olivenöl
- Salz

Zubereitung:

1. Die Möhre schälen und mit einer groben Reibe raspeln.
2. Den Apfel ebenfalls schälen und raspeln.
3. Beides in einem kleinen Schälchen miteinander vermischen und das Olivenöl sowie 1 Prise Salz hinzufügen.
4. In ein Schälchen füllen und servieren.

Tipp: Dazu passen z.B. Frikadellen (Rezept S. 98) sehr gut.

Bunter Salat mit Hähnchenstreifen

Minuten: 15

✔ Low Carb
✔ Paleo

Portionen: 1

Zutaten:

- 150 g Hähnchenbrustfilet
- 100 g Blattsalat
- ½ Paprika
- 1 Zwiebel
- 4 EL Olivenöl
- 1 EL Kürbiskernöl
- 1 EL Salatkräuter
- Salz

Zubereitung:

1. Den Salat waschen und putzen. Die Paprika ebenfalls waschen und in Würfel schneiden. Zusammen in eine Schale geben.
2. Das Hähnchenbrustfilet in Streifen schneiden. Die Zwiebel schälen und in Würfel schneiden. Beides zusammen in einer Pfanne mit 2 EL Olivenöl für ca. 5 Minuten knusprig anbraten. Mit Salz abschmecken.
3. Aus dem restlichen Olivenöl, dem Kürbiskernöl, 1 Prise Salz und den Salatkräutern in einem Schälchen ein Dressing mixen.
4. Das Dressing sowie das Hähnchen über den Salat geben und servieren.

Kartoffelsalat

Minuten: 35 | ✔ Paleo | Portionen: 2

Zutaten:

- 3 große Kartoffeln
- ½ Zwiebel
- 3 EL Olivenöl
- 2 Stangen frischer Schnittlauch
- 100 ml Gemüsebrühe

Zubereitung:

1. Kartoffeln schälen und in Salzwasser ca. 30 Minuten gar kochen.
2. In der Zwischenzeit die Zwiebel schälen und sehr fein würfeln.
3. Die Zwiebelwürfel in einem Topf mit 1 EL Olivenöl für ca. 2 bis 3 Minuten andünsten, die Gemüsebrühe hinzugeben und einmal aufkochen lassen. Von der Platte nehmen und beiseite stellen.
4. Kartoffeln abgießen, kurz ausdampfen lassen und in Scheiben schneiden. Zusammen mit der Brühe in einer Schüssel vermischen und mit Salz abschmecken. Auskühlen lassen.
5. Den Schnittlauch waschen und in kleine Ringe schneiden.
6. Das restliche Olivenöl sowie die Schnittlauchröllchen unterheben und servieren.

Tipp: Anstelle des Schnittlauchs kann auch Petersilie verwendet werden.

Buchweizen-Wraps

Minuten: 35

Portionen: 4 *(Wraps)*

Zutaten:

Wraps

- 200 g Buchweizenmehl
- 400 ml Wasser
- 2 EL Olivenöl
- Salz

Dressing

- 1 EL Olivenöl
- 1 EL Kürbiskernöl
- 1 EL Salatkräuter
- Salz

Füllung

- 150 g Hähnchenbrustfilet
- 2 EL Olivenöl
- 1 Handvoll Feldsalat
- ½ Paprika
- ½ Mozzarella *(laktosefrei)* *(optional)*

Zubereitung:

1. Das Hähnchenbrustfilet in kleine Stücke schneiden und in einer Pfanne mit 2 EL Olivenöl für ca. 5 Minuten knusprig anbraten. Mit Salz würzen und beiseite stellen.

2. Für den Teig das Buchweizenmehl mit dem Wasser und 1 Prise Salz mit einem Schneebesen vermengen. Das Olivenöl in eine Pfanne geben und nacheinander 4 Wraps aus dem Teig braten.
3. Den Feldsalat waschen und putzen. Die Paprika ebenfalls waschen und in kleine Würfel schneiden. Den Mozzarella in Stücke schneiden. Alles in eine kleine Schale geben.
4. Aus dem Olivenöl, dem Kürbiskernöl, den Salatkräutern und 1 Prise Salz in einem Schälchen ein Dressing mixen.
5. Das Dressing über den Salat geben.
6. Die Wraps mit dem Salat und Hähnchen belegen, zusammenklappen und servieren.

Tipp: Für noch mehr Geschmack kann man die Wraps vor dem Belegen mit etwas Kürbiskernöl oder alternativ etwas Mandeljoghurt bestreichen.

Buchweizen-Salatbowl

Minuten: 25

Portionen: 1
(Bowl)

Zutaten:

- 50 g ganze Buchweizenkörner
- 1 kleiner Brokkoli
- ¼ Paprika
- 1 Handvoll rote Weintrauben
- 1 EL Olivenöl
- Salz

Zubereitung:

1. Den Buchweizen in einem Sieb mit heißem Wasser abspülen und in einem kleinen Topf mit Salzwasser ca. 20 Minuten weich kochen.
2. Den Brokkoli waschen und die Röschen abtrennen.
3. Die Brokkoliröschen in einem kleinen Topf mit Salzwasser ca. 5 Minuten kochen. Dann das Wasser abgießen und den Brokkoli abkühlen lassen.
4. Die Paprika waschen und in kleine Würfel schneiden. Die Weintrauben ebenfalls waschen und halbieren.
5. Wenn der Buchweizen gar ist, das Wasser abgießen, den Buchweizen in eine Salatbowl füllen und kurz abkühlen lassen.
6. Die restlichen Zutaten unter den Buchweizen rühren, den Salat mit Salz abschmecken und servieren.

Salatbowl mit Mini-Kartoffelröstis

Minuten: 20 ✔ Paleo **Portionen: 1** *(Bowl)*

Zutaten:

- 150 g Blattsalat
- 1 große Kartoffel
- ½ Apfel
- 5 EL Olivenöl
- 1 EL Hanföl
- 1 EL Kürbiskernöl
- Salz

Zubereitung:

1. Die Kartoffel schälen und mit einer Handreibe in Streifen raspeln. 1 Prise Salz hinzugeben und ca. 5 Minuten ziehen lassen. Mit den Händen die Flüssigkeit aus den Kartoffeln herausdrücken und kleine Kartoffelröstis aus der Masse formen. In einer Pfanne 3 EL Olivenöl erhitzen und die Kartoffelröstis für ca. 5 Minuten von beiden Seiten braten.
2. Den Salat waschen, in mundgerechte Stücke schneiden oder zupfen und in eine Bowlschüssel geben. Den Apfel waschen, in Würfel schneiden und ebenfalls in die Bowl geben.
3. In einem kleinen Schälchen aus dem restlichen Olivenöl, Hanföl, Kürbiskernöl und 1 Prise Salz ein Dressing mixen.
4. Das Dressing über dem Salat verteilen, die Kartoffelröstis auf den Salat geben und servieren.

Soßen & Dips

Bärlauch-Pesto

Minuten: 10

✔ Low Carb
✔ Paleo

Portionen: 1
(Schälchen)

Zutaten:

- 100 g frischer Bärlauch
- 40 g Pinienkerne
- 100 ml Olivenöl
- Salz

Zubereitung:

1. Die Bärlauchblätter waschen und in grobe Stücke schneiden.
2. Zusammen mit den Pinienkernen, dem Olivenöl und ¼ TL Salz in einen Zerkleinerer geben und zu einem Pesto pürieren.
3. Das Pesto entweder direkt zu einem Gericht servieren oder im Kühlschrank aufbewahren und zeitnah verbrauchen.

Tipp: Dazu passen z.B. Reis-, Quinoa-, Buchweizen- oder andere glutenfreie Nudeln.

Basilikum-Pesto

Minuten: 5

✔ Low Carb
✔ Paleo

Portionen: 1
(Schälchen)

Zutaten:

- 1 Strauch frische Basilikumblätter
- 1 kleine Knoblauchzehe
- 2 EL Pinienkerne
- 3 EL Olivenöl
- Salz

Zubereitung:

1. Die Basilikumblätter vom Strauch abzupfen und waschen.
2. Die Knoblauchzehe schälen und fein hacken.
3. Die Blätter zusammen mit den Pinienkernen, dem Knoblauch, dem Olivenöl und 1 Prise Salz in einen Zerkleinerer geben und zu einem Pesto pürieren.
4. In ein Schälchen geben und sofort servieren oder kalt stellen.

Tipp: Dazu passen z.B. Reis-, Quinoa-, Buchweizen- oder andere glutenfreie Nudeln.

Kürbis-Pesto

Minuten: 15 ✔ Paleo **Portionen: 1** *(Portion)*

Zutaten:

- 200 g Hokkaidokürbis
- 20 g Kürbiskerne
- 1 Knoblauchzehe
- 30 ml Olivenöl
- Salz

Zubereitung:

1. Den Kürbis waschen, entkernen und in kleine Stücke schneiden. 2 EL Olivenöl in einer Pfanne erhitzen und die Kürbisstückchen ca. 10 Minuten bei geringer Hitze andünsten. Die Knoblauchzehe schälen, grob hacken und kurz vor Ende der Garzeit des Kürbisses mit in die Pfanne geben.
2. In der Zwischenzeit die Kürbiskerne in einer Pfanne ohne Fett bei geringer Hitze für 2 bis 3 Minuten rösten.
3. Den Kürbis, die Kürbiskerne und 30 ml Olivenöl zu einem Pesto pürieren.
4. Das Pesto entweder direkt zu einem Gericht servieren oder im Kühlschrank aufbewahren und zeitnah verbrauchen.

Tipp: Dazu passen z.B. Reis-, Quinoa-, Buchweizen- oder andere glutenfreie Nudeln. Das Pesto kann man z.B. auch als Pizzasoße für die Kartoffelpizza (Rezept S. 90) verwenden.

Paprikaketchup

Minuten: 20

✔ Low Carb
✔ Paleo

Portionen: 1 *(Schälchen)*

Zutaten:

- 1 rote Paprika
- 1 kleine Zwiebel
- 1 Knoblauchzehe
- 150 ml Wasser
- 1 EL Olivenöl
- Salz

Zubereitung:

1. Die Knoblauchzehe und Zwiebel schälen und fein hacken. Die Paprika waschen und in kleine Würfel schneiden.
2. Das Olivenöl in einem kleinen Topf erhitzen. Die Zwiebel-, Knoblauch- und Paprikawürfel für 2 bis 3 Minuten andünsten. Mit dem Wasser ablöschen, 1 Prise Salz hinzugeben und für ca. 15 Minuten weich köcheln lassen.
3. Wenn die Paprika weich ist, den Inhalt des Topfes in einen Zerkleinerer geben und fein pürieren.
4. Den Paprikaketchup entweder direkt zu einem Gericht servieren oder im Kühlschrank aufbewahren und zeitnah verbrauchen.

Tipp: Ein guter Ersatz für Tomatenketchup bzw. -soße. Kann aber auch als Pesto verwendet werden. Falls der „Ketchup“ zu flüssig ist, kann dieser ggf. noch mit ½ TL Stärke (z.B. Kartoffel- oder Pfeilwurzelstärke) angedickt werden.

Möhren-Pesto

Minuten: 10 | Low Carb | **Portionen: 1** *(Schälchen)*

Zutaten:

- 2 Möhren
- 1 Knoblauchzehe
- 25 g Pinienkerne
- 20 ml Wasser
- 1 EL Frischkäse *(laktosefrei)*
- 5 EL Olivenöl
- Salz

Zubereitung:

1. Die Knoblauchzehe schälen und fein hacken. Die Möhren schälen und mit einer groben Reibe raspeln.
2. Die Möhren und den Knoblauch mit 1 EL Olivenöl und 20 ml Wasser in einer kleinen Pfanne ca. 5 Minuten andünsten, bis die Möhren weich werden.
3. Die gedünsteten Möhren zusammen mit den Pinienkernen, Frischkäse, 4 EL Olivenöl und 1 Prise Salz in einem Zerkleinerer zu einem Pesto pürieren.
4. In ein Schälchen geben und sofort servieren oder kalt stellen.

Tipp: Dazu passen z.B. Reis-, Quinoa-, Buchweizen- oder andere glutenfreie Nudeln.

Apfelmus

Minuten: 15

✔ Low Carb
✔ Paleo

Portionen: 1
(ca. 150 g)

Zutaten:

- 1 Apfel
- 100 ml Wasser

Zubereitung:

1. Den Apfel schälen und in Würfel schneiden.
2. Anschließend in einem kleinen Topf mit Wasser für ca. 10 Minuten bei geringer Hitze köcheln lassen, bis die Apfelstücke weich werden.
3. Die Masse mit einem Stabmixer zu einem Mus pürieren.

Tipp: Für mehr Süße noch 1 TL Honig unterrühren. Das Apfelmus sollte möglichst schnell verbraucht werden, da es schnell Histamin bildet.

Kräuterdip

Minuten: 5

✔ Low Carb

Portionen: 1 *(Schälchen)*

Zutaten:

- 1 EL griechischer Joghurt *(laktosefrei)*
- 1 EL Quark *(laktosefrei)*
- 1 Stange Schnittlauch
- 1 Handvoll frische Petersilie
- Salz

Zubereitung:

1. Den Schnittlauch sowie die Petersilie waschen und fein hacken.
2. Den Joghurt und den Quark in ein Schälchen geben und den Schnittlauch, die Petersilie sowie 1 Prise Salz unterrühren.
3. In einem Schälchen bzw. als Dip auf einem Teller zu einem Gericht der Wahl servieren.

Tipp: Dazu passen z.B. Kartoffelwedges (Rezept S. 83) oder auch Rohkost.

Aprikosendip

Minuten: 10 ✔ Low Carb **Portionen: 1** *(Schälchen)*

Zutaten:

- 4 Aprikosen
- 30 ml frische Sahne *(laktosefrei)*
- 1 TL Kurkuma
- Salz

Zubereitung:

1. Die Aprikosen waschen und entsteinen.
2. Zusammen mit den restlichen Zutaten in einen Zerkleinerer geben und pürieren.
3. In einem Schälchen bzw. als Dip auf einem Teller zu einem Gericht der Wahl servieren.

Tipp: Zu dem Aprikosendip passt z.B. Hähnchen. Außerdem kann man diesen auch als Dressing zu einem Salat verwenden.

Süßes & Desserts

Tiramisu

Minuten: 10
+ 15 (Backzeit)

✔ Paleo

Portionen: 4
(Portionen)

Zutaten:

Boden

- 50 g gemahlene Erdmandeln
- 50 g gemahlene Mandeln
- 2 Eier
- 40 g Ahornsirup

Creme

- 400 g Mandeljoghurt
- 1-2 EL Ahornsirup
- ½ TL gemahlene Vanille

Sonstiges

- 8 EL gebrühter Kaffee *(koffeinfrei)*
- 2 EL Carobpulver

Zubereitung:

1. Den Backofen auf 180 °C (Ober-/Unterhitze) vorheizen.
2. Die Zutaten für den Boden in einer Schüssel vermischen. Eine kleine Auflaufform mit Backpapier auslegen, den Teig hineingeben und gleichmäßig flach drücken. Für ca. 10 bis 15 Minuten backen.
3. Den fertigen Boden aus dem Ofen nehmen und abkühlen lassen. Dann den Boden vom Backpapier lösen und in 2 Schichten schneiden (der Teig wird der Länge nach durchgeschnitten).

4. Für die Creme den Mandeljoghurt mit dem Ahornsirup und der gemahlenen Vanille in einem Schälchen vermengen.

5. Eine Schicht des Bodens in die Auflaufform legen. Anschließend 4 EL Kaffee darüber verteilen. Dann eine Schicht der Creme darauf verteilen. Die zweite Bodenschicht auf die Creme legen, wieder 4 EL Kaffee darauf verteilen. Zum Schluss die restliche Creme auf die obere Schicht geben und das Carobpulver gleichmäßig mit einem Sieb darüber streuen.

6. Über Nacht (oder zumindest für 4 Stunden) in den Kühlschrank geben und am nächsten Tag servieren.

Heidelbeer-Sorbet

Minuten: 2

✔ Low Carb
✔ Paleo

Portionen: 2
(Schälchen)

Zutaten:

- 100 g gefrorene Heidelbeeren
- 150 g Kokosjoghurt
- 50 ml Kokosdrink
- 2 EL Ahornsirup

Zubereitung:

1. Alle Zutaten in einem Zerkleinerer oder mit einem Stabmixer zu einer cremigen Masse pürieren.
2. Das entstandene Heidelbeersorbet in ein kleines Schälchen füllen und servieren.

Tipp: Als Variation kann man anstelle der Heidelbeeren auch Johannisbeeren oder Brombeeren (80 g) verwenden.

Erdmandel-Bällchen

Minuten: 5 ✔ Paleo **Portionen: 8** *(Bällchen)*

Zutaten:

- 30 g Erdmandelflocken
- 20 g gemahlene Mandeln
- 1 EL Kokosöl
- 1 Prise Zimt

Zubereitung:

1. Das Kokosöl über einem Wasserbad schmelzen.
2. In einer Schüssel die Erdmandelflocken, gemahlenen Mandeln und den Zimt vermengen. Das Kokosöl unterrühren.
3. Aus der Masse kleine Bällchen formen und servieren.

Tipp: Man kann die gemahlenen Mandeln auch weglassen und dafür 50 g Erdmandelflocken verwenden.

Kirschkuchen

Minuten: 25
+ 30 (Backzeit)

✔ Paleo

Portionen: 1
(Kuchen)

Zutaten:

- 250 g gefrorene Sauerkirschen
- 50 g Kokosmehl
- 50 g Kastanienmehl
- 50 g gemahlene Mandeln
- 50 g gemahlene Erdmandeln
- 50 g Ghee
- 150 g Apfelmus *(Rezept S. 119)*
- 2 EL flüssiger Honig
- 5 EL Kokosdrink

Zubereitung:

1. Das Apfelmus vorbereiten (Rezept S. 119).
2. Den Backofen auf 200 °C (Ober-/Unterhitze) vorheizen.
3. In einer Schüssel das Kokosmehl, das Kastanienmehl, die gemahlenen Mandeln, die gemahlenen Erdmandeln und den Zimt miteinander vermengen.
4. Das Ghee, den Apfelmus, den Honig und den Kokosdrink dazugeben und alles zu einem Teig verrühren.
5. Eine Kuchenform mit Ghee (alternativ Kokosöl) einfetten, den Teig hineingeben und gleichmäßig platt drücken. Die Kirschen auf den Teig geben und in den Teig hineindrücken. Für ca. 30 Minuten in den vorgeheizten Backofen geben.
6. Vor dem Verzehr auskühlen lassen.

Vanille-Aprikosen-Dessert

Minuten: 10
+ 30 (Kühlzeit)

✔ Low Carb
✔ Paleo

Portionen: 1

Zutaten:

- 4 Aprikosen
- 200 g Mandeljoghurt
- 2 EL Wasser
- 1 EL Ahornsirup
- ½ TL gemahlene Vanille

Zubereitung:

1. Die Aprikosen waschen, entsteinen und in einen Topf mit dem Wasser geben. Bei geringer Hitze ca. 5 Minuten köcheln lassen. Danach die gekochten Aprikosen kurz abkühlen lassen, dann in einen Zerkleinerer geben und fein pürieren.
2. In einer Schale den Mandeljoghurt mit der Vanille und dem Ahornsirup vermengen.
3. In einem Dessertglas erst eine Schicht Vanillejoghurt, dann eine Schicht der Aprikosenmasse, dann wieder eine Schicht Joghurt und zum Schluss nochmal eine Aprikosenschicht einfüllen.
4. Vor dem Servieren für mindestens 30 Minuten in den Kühlschrank stellen.

Kokos-Waffeln

Minuten: 15 ✔ Paleo **Portionen: 2** *(Waffeln)*

Zutaten:

- 80 g Kokosraspeln
- 4 EL Kartoffelstärke
- 2 EL Erdmandelmehl
- 1 Ei
- 100 ml Kokosdrink
- 1 TL gemahlene Vanille
- 1 EL flüssiger Honig *(optional für mehr Süße)*
- 1 TL Kokosöl *(zum Einfetten)*

Zubereitung:

1. Die Zutaten für die Waffeln in einer Schüssel miteinander vermengen, bis eine gleichmäßige Masse entsteht.
2. Den Teig portionsweise in ein mit Kokosöl eingefettetes, vorgewärmtes Waffeleisen füllen und die Waffeln ausbacken lassen.
3. Zusammen mit den Toppings nach Wahl servieren.

Tipp: Die Waffeln mit Sauerkirschmarmelade (Rezept S. 36) oder Sauerkirschen und Vanille-Eis (Rezept S. 137) servieren.

Apfel-Möhren-Muffins

Minuten: 10
+ 25 (Backzeit)

✔ Paleo

Portionen: 4
(Muffins)

Zutaten:

- ½ Apfel
- 50 g geraspelte Möhre
- 50 g Kastanienmehl
- 30 g gemahlene Mandeln
- 20 g gemahlene Erdmandeln
- 1 Ei
- 35 g Ghee
- 50 ml Kokosdrink
- 1 TL Zimt
- ½ TL Natron

Zubereitung:

1. Den Backofen auf 180 °C (Ober-/Unterhitze) vorheizen.
2. Den Apfel und die Möhre schälen und mit einer Handreibe grob in eine Schüssel raspeln.
3. Das Ghee in einem kleinen Topf schmelzen und zusammen mit den anderen Zutaten in die Schüssel geben.
4. Den Teig gut vermengen und anschließend gleichmäßig auf 4 Muffinförmchen verteilen. Für ca. 25 bis 30 Minuten in den vorgeheizten Backofen geben.
5. Vor dem Verzehr abkühlen lassen.

Tipp: Als Topping auf den Muffins schmeckt Kokosjoghurt sehr gut. Den Kokosjoghurt nach Belieben noch mit gehackten Mandeln garnieren.

Heidelbeer-Muffins

Minuten: 10
+ 30 (Backzeit)

✔ Low Carb
✔ Paleo

Portionen: 4
(Muffins)

Zutaten:

- 90 g gefrorene Heidelbeeren
- 45 g Mandelmehl
- 125 g Kokosjoghurt
- 1 Ei
- ½ EL gemahlene Flohsamenschalen
- 2 EL Ahornsirup

Zubereitung:

1. Den Backofen auf 180 °C (Ober-/Unterhitze) vorheizen.
2. Das Ei trennen und das Eiweiß steif schlagen. Joghurt, Eigelb und Ahornsirup in einer separaten Schüssel verrühren. Die restlichen Zutaten unterrühren und zum Schluss den Eischnee unterheben.
3. Den Teig gleichmäßig auf 4 Muffinförmchen verteilen und für ca. 30 Minuten in den Backofen geben.
4. Vor dem Verzehr abkühlen lassen.

Tipp: Als Variation kann man die Heidelbeeren durch Johannisbeeren ersetzen.

Johannisbeer-Muffins

Minuten: 10
+ 25 (Backzeit)

Portionen: 3
(Muffins)

Zutaten:

- 2 EL Johannisbeeren
- 25 g Teffmehl
- 20 g gemahlene Mandeln
- 20 g gemahlene Erdmandeln
- 50 g Kokosjoghurt
- 1 Ei
- 10 g Olivenöl
- 2 EL Ahornsirup
- ¼ TL Natron

Zubereitung:

1. Den Backofen auf 180 °C (Ober-/Unterhitze) vorheizen.
2. Alle Zutaten in einer Schüssel miteinander verrühren, die Johannisbeeren vorher waschen und zum Schluss untermengen.
3. Den Teig gleichmäßig auf 3 Muffinförmchen verteilen und für ca. 25 Minuten in den Backofen geben.
4. Vor dem Verzehr abkühlen lassen.

Tipp: Als Variation kann man die Johannisbeeren auch durch Heidelbeeren ersetzen.

Apfel-Crumble mit Vanillesoße

Minuten: 10
+ 25 (Backzeit)

✔ Low Carb
✔ Paleo

Portionen: 2
(Schälchen)

Zutaten:

Apfelboden

- 1 Apfel
- 1 TL Zimt

Streusel

- 20 g gemahlene Mandeln
- 10 g gehackte Mandeln
- 10 g Kokosmehl
- 2 TL Ghee

Vanillesoße

- 1 Eigelb
- 50 ml Kokosmilch *(Dose)*
- ½ TL gemahlene Vanille
- 1 TL Honig

Zubereitung:

1. Den Backofen auf 200 °C (Ober-/Unterhitze) vorheizen.
2. Die Zutaten für die Streusel in einer kleinen Schüssel miteinander vermengen und für ca. 5 bis 10 Minuten in den Kühlschrank stellen.
3. Den Apfel schälen und in kleine Stücke schneiden. Die Apfelstücke in einer kleinen Auflaufform (oder 2 Förmchen) auf dem Boden

verteilen und den Zimt sowie die Streusel darüber geben. Für ca. 20 bis 25 Minuten in den Backofen geben.

4. Für die Vanillesoße die Kokosmilch in einem Topf erhitzen und die Vanille hinzugeben. Unter ständigem Rühren aufkochen lassen. Anschließend den Honig und das Eigelb unterrühren, alles nochmal für 1 bis 2 Minuten bei geringer Hitze köcheln lassen und dann den Topf von der Herdplatte nehmen.

5. Die Form bzw. Förmchen aus dem Backofen nehmen und kurz abkühlen lassen. Anschließend die noch warme Vanillesoße darüber gießen und servieren.

Kokos-Pralinen

Minuten: 15
+ 30 (Kühlzeit)

✔ Low Carb
✔ Paleo

Portionen: 12
(Pralinen)

Zutaten:

- 110 g Kokosmus
- 80 g Kokosöl
- 50 g weißes Mandelmus
- 90 g Kokosraspeln
- 12 ganze Mandeln
- 3 EL Ahornsirup
- ½ TL gemahlene Vanille

Zubereitung:

1. Das Kokosmus, Kokosöl und Mandelmus über einem Wasserbad schmelzen. Die gemahlene Vanille und den Ahornsirup hinzugeben.
2. 30 g Kokosraspeln in eine Schüssel geben und die flüssige Masse unterrühren.
3. Die Masse für ca. 30 Minuten in den Kühlschrank stellen, bis sie fest genug ist, um Bällchen zu formen.
4. 12 kleine Bällchen aus dem Teig formen und pro Bällchen eine Mandel in die Mitte drücken. Anschließend die Pralinen in den restlichen Kokosraspeln wälzen und rundum damit marinieren.
5. Sofort verzehren oder im Kühlschrank für den späteren Verzehr aufbewahren.

Vanille-Eis

Minuten: 5
+ 5 h (Gefrierzeit)

✔ Paleo

Portionen: 3
(Kugeln)

Zutaten:

- 40 g weiße Schokolade *(mit Kokosblütenzucker gesüßt)*
- 100 g Mandeljoghurt
- 50 ml Kokosmilch
- ½ EL Honig
- 1 TL gemahlene Vanille
- 1 EL gehackte Mandeln

Zubereitung:

1. Die Schokolade über einem Wasserbad schmelzen.
2. Die restlichen Zutaten bis auf die gehackten Mandeln in die warme Schokolade einrühren.
3. Die Masse in eine Gefrierdose füllen und für mindestens 5 Stunden ins Gefrierfach stellen.
4. Wenn die Masse gefroren ist, mit einem Eislöffel Bällchen daraus formen und in ein kleines Schälchen füllen.
5. Mit gehackten Mandeln garniert servieren.

Süßkartoffel-Wassereis

Minuten: 30
+ 5 h (Gefrierzeit)

✔ Paleo

Portionen: 3
(Wassereis)

Zutaten:

- 230 g Süßkartoffel
- 110 ml Kokosdrink
- 60 ml Kokosmilch *(Dose)*
- 3 EL Ahornsirup
- 1 Prise Salz
- 1 Prise gemahlene Vanille

Zubereitung:

1. Die Süßkartoffel schälen und in Würfel schneiden.
2. Die Würfel in einem kleinen Topf mit Wasser ca. 15 Minuten weich kochen.
3. Alle anderen Zutaten in einer Schüssel miteinander vermengen.
4. Wenn die Süßkartoffel weich ist, das Wasser abgießen und die Süßkartoffel ca. 30 Minuten auskühlen lassen.
5. Alle Zutaten in einen Zerkleinerer geben oder mit einem Stabmixer fein pürieren.
6. Die Masse gleichmäßig auf 3 Eisförmchen verteilen und je ein Holzstiel in ein Förmchen tauchen. Für mindestens 5 Stunden in den Gefrierschrank stellen.

Milchreis mit Kirschen

Minuten: 35

Portionen: 1
(Schälchen)

Zutaten:

Milchreis

- 50 g Milchreis
- 200 ml Kokosmilch *(Dose)*
- 1 TL Zimt
- 1 EL Kokosblütenzucker
- 1 Prise gemahlene Vanille

Topping

- 1 EL Kirschen
- 1 TL Zimt

Zubereitung:

1. Die Kokosmilch und den Milchreis in einen kleinen Topf geben und unter regelmäßigem Rühren zum Kochen bringen.
2. Die Temperatur der Herdplatte auf geringe Hitze stellen und den Milchreis für ca. weitere 30 Minuten köcheln lassen.
3. Wenn der Milchreis gar ist, 1 TL Zimt, die Vanille und den Kokosblütenzucker einrühren und in ein Schälchen geben. Die Kirschen und den restlichen Zimt hinzugeben und servieren.

Tipp: Als Topping-Alternative passt auch Apfelmus (Rezept S. 119) mit Zimt oder gebrannte Mandeln gut.

Gebrannte Mandeln

Minuten: 15

✔ Low Carb
✔ Paleo

Portionen: 2

Zutaten:

- 150 g Mandeln
- 1 TL Wasser
- 1 TL Kokosöl
- 1 TL Honig
- ½ TL Zimt
- 1 Prise gemahlene Nelken
- 1 Prise Salz

Zubereitung:

1. Den Backofen auf 180 °C (Ober-/Unterhitze) vorheizen.
2. Die Mandeln auf einem mit Backpapier ausgelegtem Backblech für 10 Minuten in den vorgeheizten Backofen geben.
3. Den Zimt, die gemahlenen Nelken und das Salz in einem Schälchen vermischen und beiseitestellen.
4. In einem kleinen Topf das Wasser, das Kokosöl und den Honig bei geringer Hitze erwärmen. Dann die Mandeln hinzugeben und mit der Masse marinieren.
5. Die Mandeln erneut auf dem Backpapier verteilen und mit der Gewürzmischung aus Schritt 3 bestreuen. Für weitere 5 Minuten in den Backofen geben.
6. Noch warm servieren oder nach dem Abkühlen für den späteren Verzehr in einer Papiertüte aufbewahren.

Kokos-Vanille-Pudding

Minuten: 10
+ 60 (Abkühlzeit)

✔ Paleo

Portionen: 1
(Schälchen)

Zutaten:

Pudding

- 125 ml Kokosdrink
- 1 TL gemahlene Vanille
- 8 g Kartoffelstärke
- 2 EL Ahornsirup

Topping

- 1 EL Johannisbeeren

Zubereitung:

1. Den Kokosdrink in einen Topf geben und den Ahornsirup einrühren.
2. Die Kartoffelstärke und die gemahlene Vanille in ein kleines Schälchen geben und vermischen. Die Mischung in den noch kalten Kokosdrink einrühren.
3. Die Flüssigkeit unter ständigem Rühren zum Kochen bringen, für 2 bis 3 Minuten köcheln lassen und anschließend in Dessertgläser füllen.
4. Zum Auskühlen für mindestens 60 Minuten in den Kühlschrank stellen. Vor dem Servieren die Johannisbeeren waschen und den Vanille-Pudding damit garnieren.

Tipp: Als Topping passen auch Heidelbeeren oder Brombeeren.

Rote Grütze mit Vanillesoße

Minuten: 5
+ 120 (Abkühlzeit)

✔ Paleo

Portionen: 2
(Schälchen)

Zutaten:

<u>Grütze</u>

- 100 g gefrorene Beeren *(histaminarme Sorten)*
- 50 ml Wasser
- 2 EL flüssiger Honig
- ½ TL Agar-Agar

<u>Soße</u>

- 2 EL Mandeljoghurt
- ½ TL gemahlene Vanille
- ½ EL flüssiger Honig

Zubereitung:

1. Die Beeren und das Wasser in einen kleinen Topf geben und bei geringer Hitze für ca. 5 Minuten köcheln lassen. Wenn die Beeren weich sind, den Honig einrühren.
2. Den Topf von der Platte nehmen und die Masse mit einem Pürierstab pürieren. Anschließend den Topf wieder auf die Platte stellen, das Agar-Agar einrühren und nochmals für 1 bis 2 Minuten mitköcheln lassen.
3. Die Masse in ein Dessertglas füllen, kurz abkühlen lassen und dann mindestens 2 Stunden im Kühlschrank auskühlen lassen.
4. Für die Vanillesoße die restlichen Zutaten miteinander vermengen. Zusammen mit der roten Grütze in einem Schälchen servieren.

Apfelmus-Mandel-Dessert

Minuten: 10

✔ Low Carb
✔ Paleo

Portionen: 1

Zutaten:

- 100 g Apfelmus
  (Rezept S.119)
- 2 EL Mandeljoghurt
- 1 EL gebrannte Mandeln
  (Rezept S. 140)
- ½ TL Zimt
- 1 Prise gemahlene Vanille

Zubereitung:

1. Das Apfelmus zubereiten und für mindestens 30 Minuten im Kühlschrank auskühlen lassen.
2. Die gebrannten Mandeln zubereiten und kurz abkühlen lassen.
3. Wenn das Apfelmus abgekühlt ist, den Zimt unterrühren und das Mus in ein Dessertschälchen geben.
4. Den Mandeljoghurt mit der gemahlenen Vanille vermengen und zu dem Apfelmus in das Schälchen geben.
5. Anschließend die gebrannten Mandeln über dem Dessert verteilen und servieren.

Aprikosen-Kokos-Dessert

Minuten: 10

✔ Low Carb
✔ Paleo

Portionen: 1

Zutaten:

- 4 Aprikosen
- 30 ml Kokosmilch *(Dose)*
- 2 EL Kokosjoghurt
- 2 EL Ahornsirup
- 1 Prise gemahlene Vanille

Zubereitung:

1. Die Aprikosen waschen, entsteinen und zusammen mit der Kokosmilch sowie 1 EL Ahornsirup in einem Zerkleinerer zu einer cremigen Masse pürieren.
2. In einem Schälchen den Kokosjoghurt mit der gemahlenen Vanille und 1 EL Ahornsirup vermengen.
3. In ein Dessertglas zunächst ein bisschen von dem Joghurt füllen, dann die Aprikosencreme darauf verteilen und wieder etwas Kokosjoghurt darauf geben. Als letzte Schicht wieder ein bisschen Aprikosencreme in das Glas füllen und das Aprikosendessert servieren.

Reisplätzchen

Minuten: 15
+ 15 (Backzeit)

Portionen: 20
(Stück)

Zutaten:

- 150 g Reismehl
- 50 g Ghee
- 1 Ei
- 3 EL flüssiger Honig

Zubereitung:

1. Das Ghee in einem kleinen Topf schmelzen.
2. Den Backofen auf 200 °C (Ober-/Unterhitze) vorheizen und ein Backblech mit Backpapier auslegen.
3. Alle Zutaten in einer Schüssel miteinander vermengen und zu einem Teig kneten.
4. Den Teig ausrollen und Plätzchen daraus stechen oder schneiden.
5. Für ca. 10 bis 15 Minuten in den Backofen geben.
6. Vor dem Verzehr auskühlen lassen.

Tipp: Aus 1 TL geschmolzenem Kokosöl, 1 TL Kakaobutter, 1 TL Honig und 1 TL Carobpulver lässt sich zu den Plätzchen eine passende Glasur mixen, um die Kekse damit zu bepinseln.

Erdmandel-Leinsamen-Kekse

Minuten: 15
+ 15 (Backzeit)

✔ Paleo

Portionen: 12
(Stück)

Zutaten:

- 100 g Erdmandelmehl
- 1 EL gemahlene Flohsamenschalen
- 2 EL Leinsamen
- 6 EL Wasser
- 2 EL Ghee
- 6 EL Mandelmilch
- 1 Prise Zimt

Zubereitung:

1. Die Leinsamen und das Wasser in einer Schüssel miteinander vermengen und für ca. 10 Minuten quellen lassen.
2. Den Backofen auf 180 °C (Ober-/Unterhitze) vorheizen und ein Backblech mit Backpapier auslegen.
3. Das Ghee in einem kleinen Topf zum Schmelzen bringen.
4. Nach der Quellzeit die restlichen Zutaten zu den Leinsamen geben und alles gut vermengen.
5. Aus dem Teig kleine Kekse formen und für ca. 10 bis 15 Minuten in den Backofen geben.
6. Die Kekse vor dem Verzehr auskühlen lassen.

Cornflakes-Kekse

Minuten: 2
+ 15 (Backzeit)

Portionen: 6
(Stück)

Zutaten:

- 50 g Cornflakes *(ungesüßt)*
- 1 Ei
- 2 EL Ahornsirup
- 1 TL Carobpulver

Zubereitung:

1. Den Backofen auf 160 °C (Ober-/Unterhitze) vorheizen und ein Backblech mit Backpapier auslegen.
2. Alle Zutaten in einer Schüssel miteinander vermengen.
3. Esslöffelgroße Teigkugeln mit einem Abstand von mind. 5 cm auf das Backpapier geben und leicht platt drücken. Für ca. 15 Minuten in den vorgeheizten Backofen geben.
4. Vor dem Verzehr abkühlen lassen.

Tipp: Das Carobpulver kann man auch weglassen.

Getränke

Goldene Milch

Minuten: 5

✔ Low Carb
✔ Paleo

Portionen: 1
(große Tasse)

Zutaten:

- 150 ml Kokosmilch *(Dose)*
- 100 ml Mandelmilch
- 5 g Ingwer
- 1-2 TL Honig
- 1 TL Zimt
- ½ TL Kurkumapulver
- 1 Prise gemahlene Vanille

Zubereitung:

1. Die Mandelmilch und Kokosmilch in einen kleinen Topf geben.
2. Das Ingwerstück schälen und mit in den Topf geben. Die Milch bei mittlerer Hitze erwärmen.
3. Kurkuma, Zimt, Vanille und Honig unterrühren.
4. Wenn die Milch warm ist, den Ingwer herausnehmen und die fertige Milch in eine große Tasse füllen und servieren.

Heiße Carob-Milch

Minuten: 5

✔ Low Carb
✔ Paleo

Portionen: 1
(große Tasse)

Zutaten:

- 150 ml Kokosmilch *(Dose)*
- 100 ml Mandelmilch
- 1,5 EL Carobpulver
- 1-2 TL Honig

Zubereitung:

1. Die Mandelmilch und Kokosmilch in einen kleinen Topf geben.
2. Das Carobpulver ebenfalls in den Topf geben und alles bei mittlerer Hitze erwärmen.
3. Zum Schluss den Honig unterrühren.
4. Wenn die heiße Carob-Milch warm ist, diese in eine große Tasse füllen und servieren.

Stiefmütterchentee mit Mandelmilch

Minuten: 5
+ 10 (Ziehzeit)

✔ Low Carb
✔ Paleo

Portionen: 1
(große Tasse)

Zutaten:

- 1 Portion Stiefmütterchentee
- 50 ml Mandelmilch

Zubereitung:

1. Den Stiefmütterchentee mit heißem Wasser in einer großen Tasse aufgießen und nach Angabe ziehen lassen.
2. Die Mandelmilch in einem Topf bei geringer Hitze erwärmen.
3. Nach der Ziehzeit den Tee herausnehmen, die Mandelmilch in die Tasse gießen und servieren.

Heidelbeer-Kokos-Milchshake

Minuten: 5

✔ Low Carb
✔ Paleo

Portionen: 1
(großes Glas)

Zutaten:

- 200 ml Kokosmilch *(Dose)*
- 125 g gefrorene Heidelbeeren
- 1 TL Honig
- 1 Prise gemahlene Vanille

Zubereitung:

1. Alle Zutaten in einen Smoothie-Maker oder Zerkleinerer geben und zu einem Smoothie pürieren.
2. Den fertigen Milchshake in einem großen Glas servieren.

Pfirsich-Eistee

Minuten: 10
+ 60 (Abkühlzeit)

✔ Low Carb
✔ Paleo

Portionen: 1
(großes Glas)

Zutaten:

- 250 ml Wasser
- 1 Beutel Roiboos-Tee
- 1 Pfirsich
- 4 Eiswürfel

Zubereitung:

1. Den Pfirsich waschen und ¾ des Pfirsichs in kleine Stücke schneiden. Das restliche Viertel in Spalten schneiden.
2. Den Teebeutel mit kochendem Wasser aufgießen und Pfirsichstücke hinzufügen. Tee nach Anleitung ziehen lassen.
3. Den Teebeutel nach der angegebenen Zeit entfernen und den Rest mit 2 Eiswürfeln für gut eine Stunde im Kühlschrank weiter ziehen lassen.
4. Dann die Pfirsichstücke wieder entfernen und mit den restlichen 2 Eiswürfeln auffüllen. Die Pfirsich-Spalten ins Glas geben und servieren.

Tipp: Um den Eistee noch erfrischender zu gestalten, kann man diesen zusätzlich mit etwas frischer Minze dekorieren.

Apfel-Zimt-Smoothie

Minuten: 5

✔ Low Carb
✔ Paleo

Portionen: 1
(großes Glas)

Zutaten:

- ½ Apfel
- 4-5 Paranüsse
- 250 ml Mandelmilch
- 1 EL Honig
- 1 TL Zimt
- 1 Prise gemahlene Vanille

Zubereitung:

1. Den Apfel schälen und in grobe Stücke schneiden.
2. Mit den restlichen Zutaten in einen Zerkleinerer geben und zu einem Smoothie verarbeiten.
3. Den fertigen Smoothie in einem großen Glas servieren.

Tipp: Der Zerkleinerer sollte robust sein, damit auch die Paranüsse ausreichend püriert werden.

Frucht-Smoothie

Minuten: 5

✔ Low Carb
✔ Paleo

Portionen: 1
(großes Glas)

Zutaten:

- ½ Apfel
- 40 g gefrorene Heidelbeeren
- 40 g gefrorene Brombeeren
- 200 ml Kokosmilch *(Dose)*
- 100 ml Kokosdrink

Zubereitung:

1. Die Beeren aus dem Gefrierfach nehmen und für mindestens 15 Minuten antauen lassen.
2. Den Apfel waschen und in kleine Stücke schneiden.
3. Alle Zutaten in einen Zerkleinerer geben und den fertigen Smoothie in einem großen Glas servieren.

Grüner-Smoothie

Minuten: 5

✔ Low Carb
✔ Paleo

Portionen: 1
(großes Glas)

Zutaten:

- 1 Gurke
- ½ Apfel
- 1 Stange Sellerie
- 1 Möhre
- 1 Handvoll Salat
- 2 Blätter frische Minze

Zubereitung:

1. Die Gurke schälen und in Stücke schneiden.
2. Die Selleriestange, die Möhre und den Apfel waschen und ebenfalls in grobe Stücke schneiden.
3. Den Salat waschen.
4. Alle Zutaten in den Entsafter geben, den fertigen Saft in ein Glas füllen und mit etwas frischer Minze garniert servieren.

Nachwort

Infos zum Buch

Das Alles-ohne-Kochbuch ist ein modernes Kochbuch für kombinierte Lebensmittelunverträglichkeiten und perfekt für alle Menschen, die sich histaminarm ernähren wollen. Dieses Buch verbindet Ernährungswissen mit leckeren Rezepten und hilft allen, die mit Magen-Darm-Problemen zu kämpfen haben. Alle Gerichte aus diesem Buch sind glutenfrei, laktosefrei und zuckerfrei. Mit zahlreichen Low Carb- und Paleo-Rezepten ist das Kochbuch zudem eine gute Grundlage für alle, die sich grundsätzlich gesünder ernähren möchten.

Dieses Rezeptebuch ist kein typisches Kochbuch, vollgestopft mit Hochglanzfotos und unverständlicher Theorie - es ist eine Sammlung leckerer Rezepte, die jede Person einfach nachkochen kann. Das Layout des Buches wurde dabei bewusst minimalistisch gehalten; auf unnötige Ausführungen und Exkurse wurde verzichtet. Stattdessen stehen die Rezepte mit klaren Anleitungen im Fokus - denn mehr braucht es nicht für ein leckeres verträgliches Gericht.

Aber das ist noch nicht alles: Dieses Buch wurde von unserem kleinen Studienscheiss-Verlag fair und hochwertig produziert. Wir arbeiten mit regionalen Designerinnen sowie Lektoren zusammen und lassen unsere Hardcover-Bücher komplett in Deutschland herstellen. Alle an der Produktionskette beteiligten Partner werden von uns fair behandelt - und fair bezahlt. Allesamt kleine und mittelständische Unternehmen, die mit Herzblut bei der Sache sind und mit denen wir ein gemeinsames Ziel verfolgen: hochwertige Produkte zu erzeugen, die unsere Leserinnen und Leser glücklich machen.

Unsere Bücher entstehen unter nachhaltigen Bedingungen, schonen die Umwelt und fördern die regionale Wirtschaft. Und genau das unterstützt du, wenn du dir dieses Buch zugelegt hast.

High five dafür!

Über die Autorin

Lisa Schubert, Jahrgang 1991, arbeitet als digitale Kommunikations-Managerin und Autorin. Seit mehreren Jahren beschäftigt sie sich mit gesunder Ernährung, da sie selbst mit Unverträglichkeiten und Magen-Darm-Problemen zu kämpfen hatte. Auf ihrem Weg hat sie sich ein profundes Wissen über Ernährung angeeignet und viele verschiedene Richtungen ausprobiert.

In dem vorliegenden Kochbuch fasst sie ihre Erfahrungen zusammen, verbindet Theorie mit Praxis und stellt ihr persönliches Ernährungskonzept vor. Die von ihr erarbeiteten Rezepte sollen all denjenigen helfen, die unter ähnlichen Problemen leiden. Ihr Buch bietet die Möglichkeit, sich trotz Einschränkungen gesund, lecker und abwechslungsreich ernähren zu können.

Das ist Lisa

Dankeschön

Ohne die Hilfe anderer Menschen hätte ich dieses Buch nicht schreiben und veröffentlichen können. Alleine wäre mir das nicht gelungen. Daher möchte ich die Gelegenheit nutzen und mich von ganzem Herzen bedanken.

Am meisten danke ich meinen Leserinnen und Lesern, die mein erstes Kochbuch zu einem Erfolg gemacht haben. Dank eurem Feedback und Support habe ich mich dazu entschlossen, ein weiteres Kochbuch zu schreiben. Danke für eure Unterstützung.

Ein sehr großes Dankeschön geht an Tim Reichel, der mir die Veröffentlichung meiner Kochbücher erst ermöglicht hat. Danke für deine professionelle Unterstützung und dein unermüdliches Engagement.

Außerdem danke ich Hannah Dautzenberg und Sara Dörwald für das Korrekturlesen und die vielen hilfreichen Anmerkungen, die dem Buch den nötigen Feinschliff verpasst haben.

Ein großes Dankeschön geht zudem an meine Familie und meine Freunde, die mich beim Schreiben jederzeit unterstützt und mir mit Rat und Tat zur Seite gestanden haben.

Euch allen danke ich von ganzem Herzen.

Lisa Schubert, Juni 2021

Hol dir hier dein Bonusmaterial mit den Fotos ab:

www.studienscheiss.de/bonus-alles-ohne-kochbuch-histaminarm

Printed in Poland
by Amazon Fulfillment
Poland Sp. z o.o., Wrocław

91172756R00092